U0453023

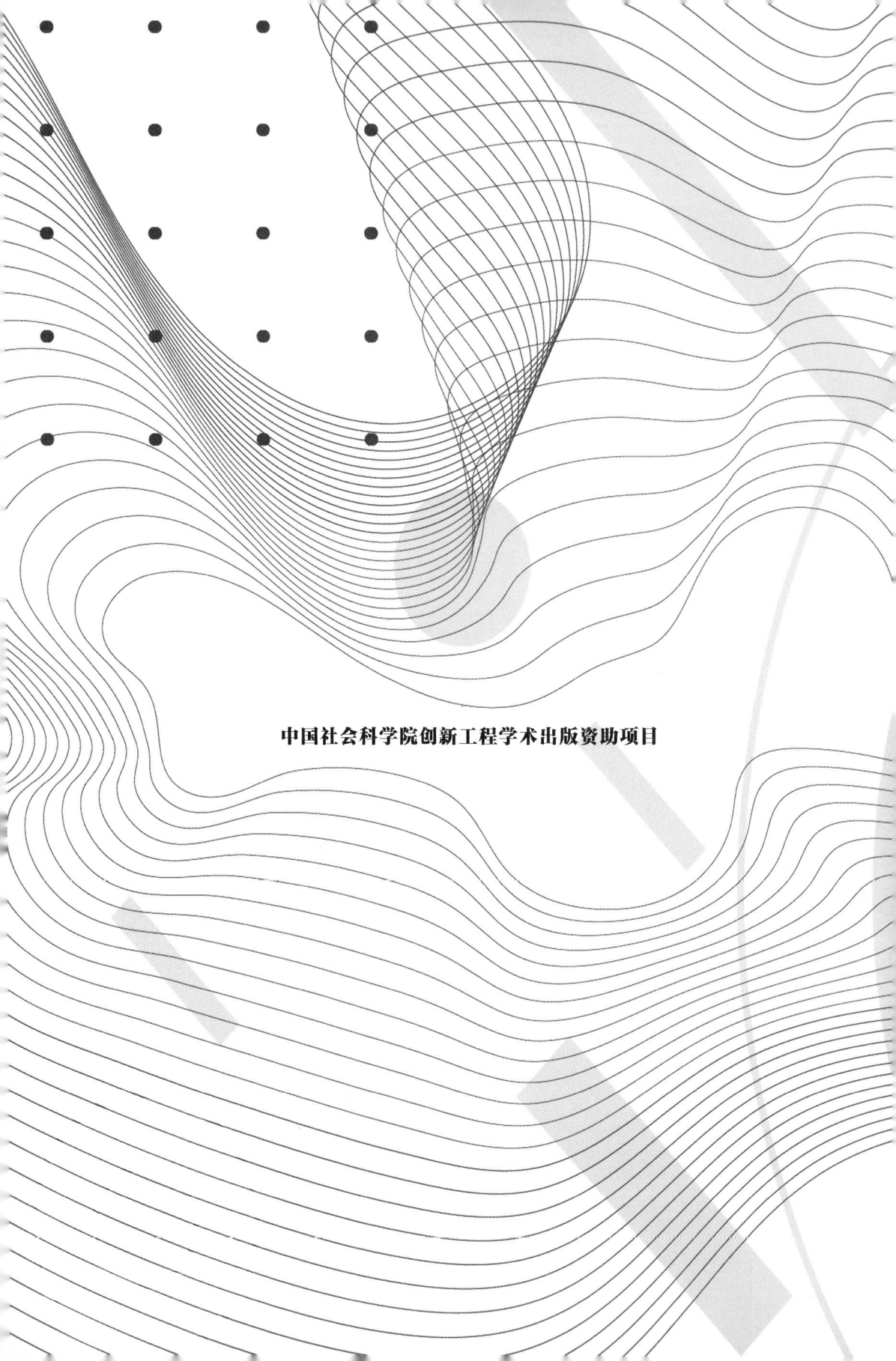

中国社会科学院创新工程学术出版资助项目

群众新闻学

理论、历史与实践

沙垚 著

中国社会科学出版社

图书在版编目(CIP)数据

群众新闻学：理论、历史与实践/沙垚著. —北京：中国社会科学出版社，2023.11
ISBN 978-7-5227-2026-5

Ⅰ.①群… Ⅱ.①沙… Ⅲ.①新闻学—研究—中国 Ⅳ.①G210

中国国家版本馆 CIP 数据核字（2023）第 106596 号

出 版 人	赵剑英
责任编辑	陈肖静
责任校对	夏慧萍
责任印制	戴 宽

出　　版	中国社会科学出版社
社　　址	北京鼓楼西大街甲 158 号
邮　　编	100720
网　　址	http://www.csspw.cn
发 行 部	010-84083685
门 市 部	010-84029450
经　　销	新华书店及其他书店
印　　刷	北京明恒达印务有限公司
装　　订	廊坊市广阳区广增装订厂
版　　次	2023 年 11 月第 1 版
印　　次	2023 年 11 月第 1 次印刷
开　　本	710×1000　1/16
印　　张	12.25
插　　页	2
字　　数	152 千字
定　　价	69.00 元

凡购买中国社会科学出版社图书，如有质量问题请与本社营销中心联系调换
电话：010-84083683
版权所有　侵权必究

目　　录

序 …………………………………………………………（1）

导　语 ……………………………………………………（1）

上篇　理论

第一章　中国新闻学研究的再出发 ……………………（7）
　第一节　中国特色新闻学的发展 ………………………（8）
　第二节　中国特色新闻学出现的问题 …………………（11）
　第三节　寻找重构中国新闻学的起点 …………………（16）

第二章　中国新闻史研究的再出发 ……………………（23）
　第一节　中国新闻史研究的内卷与转向 ………………（23）
　第二节　建构论与实践论的影响 ………………………（28）
　第三节　与古为新的研究视角 …………………………（32）

第三章　群众新闻路线 …………………………………（41）
　第一节　理论基础:马克思主义劳动观 …………………（42）

目录

第二节　实践基础：坚持群众路线 …………………………（51）
第三节　对话与借鉴 …………………………………………（57）
第四节　群众新闻路线的主要特点 …………………………（62）

中篇　历史

第四章　农村俱乐部：被忽略的基层宣传组织 ……………（73）
第一节　什么是农村俱乐部 …………………………………（75）
第二节　组织化和主体性 ……………………………………（81）
第三节　农村俱乐部的遗产 …………………………………（86）

第五章　读报组：群众参与新闻实践的故事 ………………（92）
第一节　新中国成立初期读报组的建立 ……………………（93）
第二节　读报组的经常化与制度化 …………………………（100）
第三节　读报组的当代启示 …………………………………（103）

第六章　农村广播：新闻参与社会治理的故事 ……………（107）
第一节　作为新媒体的广播进入农村 ………………………（107）
第二节　农村广播的社会治理与深层互动 …………………（116）
第三节　农村广播工作的基本思路 …………………………（124）

下篇　当代

第七章　新闻话语：从底层叙事到群众书写 ………………（131）
第一节　底层叙事的再思考 …………………………………（131）
第二节　媒介赋权与媒介减权 ………………………………（139）
第三节　重返群众书写 ………………………………………（144）

第八章　县级媒体融合与基层重建 ……………………………（152）
　第一节　县级媒体融合的三种分析框架 …………………（153）
　第二节　平台化与主体参与 ………………………………（158）
　第三节　组织化与社会治理 ………………………………（168）
　第四节　中国特色新闻学的政治经济实践 ………………（177）

后　记 …………………………………………………………（185）

序

还记得2017年大年初三，沙垚冒着微雪从河南周口辗转来到缙云，与我一起调研乡村春晚，一直待到元宵节后。其间，他邀请我给他的《吾土吾民》写序。转眼四年了。2021年七月初，他一边与我一起在河南开封办"从全球到村庄"暑期班，一边挤时间埋头写作，说是一部关于乡村的专著，即将完成，嘱我写序。

这四年来，我见证了他作为一个"青椒"的奋斗和快速成长历程。这其中有生活中的压力，也有事业上的高光。让我佩服的是，在一个充满诱惑和普遍浮躁的学术环境中，他不但越来越清楚自己要做什么，也逐渐在这个学科中找到了自己的位置。更让我高兴的是，这四年来，我和他之间总是会出现某种神奇的"同频"和默契。比如，我在做缙云河阳村农民口述史，他发现了缙云婺剧艺人，不但产生了做这个群体的口述史的冲动，而且克服困难挑头做了起来；我一直在思考如何重新看待返乡人才和资本，他也在直接和他们打成一片的过程中重新认识这些社会力量；我这边继续通过河阳乡村研究院的实践激发更多青年学子关于乡村的问题意识，他却在江西开始了浮梁实验……中国社会的

序

发展日新月异，我们总是能在捕捉问题意识的前沿达成共识，相互激荡。

这几年沙垚总是热热闹闹，甚至有点高调地进行乡村传播的研究，眼前他拿出来的却是一本中国特色新闻学的专著。看起来令人诧异，但细细琢磨，这正是沙垚此书的独到之处。因为这里面包含着极深的问题意识，以及与理论对话的意识，当代中国新闻学的理论发展，面临着多重断裂，比如理论与实践、历史与当下、新闻与传播等等，从沙垚的这本不厚的书中，我似乎看到了一种修复断裂的野心。

这几年，我一直在强调"山沟沟里的新闻学"，即中国共产党在延安开创的独具中国特色的马克思主义新闻学传统，并且反思为什么这个传统没有成为今天新闻理论和业务的主导范式，相反大家却把由西方意识形态主导的新闻专业主义奉为圭臬？马克思主义新闻观成为一个和应用新闻学、城市传播学、网络新闻学相并列的研究方向，而不是一个主导性和指导性的范畴，这是值得深刻反思的。当然，除了批判和反思之外，我们更需要建构和联结。如何将山沟沟里的传统与当代新闻传播的理论与实践打通就成为一个重要的议题，而这也正是河阳乡村研究院的跨学科理论与实践相结合学术模式所希望开拓的。正如我和吕新雨在"批判传播学书系"的总序中所说，"马克思主义新闻传播理论与实践在20世纪以来的中国新闻史上有着极其重要的历史地位，在全球视野中整理、理解与反思这一理论传统，在新的历史条件下促进这一历史传统的更新与发展，是我们孜孜以求的目标"。沙垚在这本书里所追求的，正是这样的目标。他跨越历史与现实的鸿沟，打通新闻与传播的藩篱，探讨延安时期、新中国成立初期的新闻传统与今天新媒体/融媒体时代的新闻生产、传统的协同接通。正如他在书中所说，近年很多学者都在说重构新闻学，可是起点在哪里呢？沙垚的回答是社会主义和乡村，这是具有说服力和解释力的。

让我耳目一新的是，书中他重点讨论了"农村俱乐部"和"县级融媒体中心"，一个发生在新中国成立初期，一个正在如火如荼地展开。农村俱乐部是我回国之后才关注到的，国内新闻传播学界很少有人讨论，但它的存在是符合社会主义总体性特征的，把农村众多的文化宣传和新闻传播的形态和主体都组织到人民公社的框架内，不再是分散式的"单兵作战"。尤其让人难以想象的是，在20世纪50年代，中国农民在"俱乐部"这么一个时尚的组织里了解新闻、享受文娱。然而，这就是真实的、克服了虚无主义的中国新闻传播历史，而革命和现代，就这样在活生生的、探索社会主义的历史性基层实践中实现了统一。今天，县级媒体融合正在自上而下轰轰烈烈开展。沙垚提出，县级融媒体中心要引导群众、服务群众，关键要看能否组织群众，能否承担起基层再组织的功能。县级融媒体中心是否有能力将地方党委政府和人民群众聚拢到自己的平台上，展开对话，进行治理？有道是，"郡县治，天下安"。县级融媒体中心在县域治理中要发挥喉舌功能，更要发挥桥梁作用，这是挑战，也是方向。

更为难得的是，沙垚看到了"农村俱乐部"和"县级融媒体中心"之间的一脉相承的关系，并用一个核心概念——群众新闻路线——加以阐释，以区别于当前形形色色的、舶来的诸如新闻专业主义、参与式新闻、公民新闻、UGC新闻生产模式等概念，体现了他的理论自信和道路自信。

当年，面对中国新闻传播研究的西方中心主义和城市中心主义偏颇，我因发现沙垚这样能扎根乡村研究中国新闻传播问题的

序

"凤毛麟角"而看到希望；今天，"民族要复兴，乡村必振兴"已然成为时代共识，我为沙垚在这个领域深耕所取得的又一成果而深感振奋。谨序。

赵月枝

2021 年 7 月 23 日于缙云仙都

导　语

21世纪以来，中国进入融媒体时代，越来越多的民众可以利用新媒体手段发布微博、微信、短视频进行直播，新闻传播的生态得到极大改变。学者们普遍认为，必须重新定义新闻。备受争议的、从西方舶来的新闻专业主义对中国如火如荼的新闻实践缺乏解释力。很多一线媒体人也认为，新闻学界已经丧失了对新闻业界的指导能力。在此背景下，越来越多的学者呼吁，重构中国新闻学。

如何重构，一些学者将视线从美国转向欧洲，试图在哲学和思辨中寻找线索；但更多的学者转向历史，试图从中国共产党领导的百年新闻实践中提炼出经验和规律。中国特色新闻学的特色在于，其一，它不同于资本主导的新闻业；其二，它不同于政治独裁垄断的新闻业；其三，它不同于后殖民语境下的新闻业；其四，它也不同于欧洲非营利的公共新闻业。那么，它是什么？一般来说，我们称为人民新闻事业，这是一种党性与人民性相统一的新闻事业，以群众路线开展新闻工作。

按照群众路线开展新闻工作，即群众新闻路线，这是本书的标题，也是全书的主要线索和核心概念，它不仅是对中国百年新

导 语

闻史的遵循，而且也与专业主义和后殖民主义的新闻观念、新闻话语构成对话关系。群众新闻路线除了要求新闻工作者按照从群众中来到群众中去的基本工作原则进行新闻生产与传播，至少还呈现出两个主要特点，一是群众参与新闻实践，二是新闻参与社会治理。这体现了体力劳动与脑力劳动相统一、知识分子与工农群众在一起的基本理念，以及采用历史人类学"迈向历史田野"的研究方法，与古为新、建立与20世纪对话关系、面向未来的研究态度。

在群众新闻路线的指引下，我在本书中展开了两个层面的讨论，历史和当下。在历史部分，我主要讨论了农村俱乐部这一综合性的文化宣传与新闻传播的组织机构。在当下部分，我主要讨论了县级融媒体中心这一引导群众、服务群众，打通最后一公里的基层媒体机构。前者在20世纪50年代至80年代，活跃于农村；后者是2018年以来，深耕于县域。在中国共产党领导的新闻事业史上，二者都是按照群众新闻路线进行新闻生产传播无法绕开的基层单位。而且遥相呼应，构成了历史与当下之间的有趣对话。

关于农村俱乐部，新闻传播学者们很少提及，大家更愿意研究读报组、黑板报、幻灯、农村电影、农村大喇叭、屋顶广播等具体的新闻传播形态，但忽略了这些形态背后的组织机构。换言之，这些新闻生产与传播的形态在彼时并非"单兵作战"，而是具有组织性，统一部署，整体联动，用今天的话来说，就是新老媒体（新媒体如广播、报纸等，老媒体如戏曲、说书等）深度融合增强传播力。更为难得的是，这一文化宣传和新闻传播的综合机构，没有叫作"宣传队""新闻公社"等，而是起了一个颇为时髦的名字——俱乐部。由此也能打开我们的想象，20世纪50年代中国农村依然葆有一种独特的生机与活力，"俱乐部"这个词寄托着农民对未来/现代和社会主义的某种期许,并且两者紧密联结,不可分割。

当代部分,讨论县级融媒体中心建设之前,我对缘起于后殖民主义社会的底层叙事的新闻话语进行了批判性分析,提出群众书写,再由群众书写过渡到以"引导群众、服务群众"为宗旨的县级媒体融合。县级融媒体中心建设是近年来少有的由新闻学界和新闻业界紧密团结、联手打造的新闻改革实践。它提示我们思考,新闻的目的并非仅仅是宣传,更是通过宣传把基层群众组织起来;新闻的作用并非仅仅是喉舌,更是连接党委政府和人民群众的桥梁;新闻机构的收益也并非主要靠商业广告,更要依靠政务服务来优化资源配置、提升传播力。由此不仅可以探索一种新型的新闻生产模式和媒体运行模式,而且可以在党委政府和人民群众之间建立更为丰富多样和有生命力的联结。

群众参与新闻和新闻参与社会治理已经成为当前国内外新闻学界和业界不争的趋势/方向。问题在于在西方语境下,常常采用公民新闻学、参与式新闻学、用户新闻学、底层新闻学、民生/社会新闻学等话语框架,但20世纪以来,中国新闻实践有着独特的历史遗产和工作原则,"江山就是人民,人民就是江山",群众工作是中国共产党永远无法背弃的传统。唯有如此,我们才能更深刻的理解历史和当下,因为两种话语背后的政治立场、价值取向和意识形态是完全不一样的。只有不忘初心,才能行稳致远,进而有为。"立足中国土,请教马克思",从群众新闻路线的角度考察农村俱乐部和县级融媒体中心建设,可以发现两者都在实践中创造了一种独具中国特色的政治经济辩证统一的媒体运行模式,这也是对马克思主义政治经济学的回归。

阿兰·巴迪欧在1999年底,曾饶有兴致地讨论了公元前400

导 语

年前后一支古希腊雇佣军的远征,他说:"远征是一场自由随意的流浪,那将来会成为一条回家的路,这条路在流浪之前,并不是作为回家之路而存在的。"① 我们重观20世纪以来的中国特色社会主义实践,其何尝不是一场远征,而今正该归来。

---

① [法] 阿兰·巴迪欧:《世纪》,蓝江译,南京大学出版社2011年版,第91页。

上 篇

理 论

第一章　中国新闻学研究的再出发

2016年，习近平总书记《在哲学社会科学工作座谈会上的讲话》中指出：

"历史表明，社会大变革的时代，一定是哲学社会科学大发展的时代。当代中国正经历着我国历史上最为广泛而深刻的社会变革，也正在进行着人类历史上最为宏大而独特的实践创新。这种前无古人的伟大实践，必将给理论创造、学术繁荣提供强大动力和广阔空间。这是一个需要理论而且一定能够产生理论的时代，这是一个需要思想而且一定能够产生思想的时代。我们不能辜负了这个时代。"①

确实，当代中国正在发生深刻的变革，呈现出和西方社会很不一样的特点。生活在这样一个巨变的时代，社会科学的研究者应该感到幸福，中国大地如同一个试验场，诸多的主义、文化、政治、经济，混杂在一起，纷纷走上前台，是谁会赢得实践？即便我们什么都不做，只是进行记录、描述和解释，都有望诞生出很多全新的理论。与此同时，重新回望未曾走远又波澜壮阔的20世纪，我们会收获哪些经验和教训，得到什么样的体会？在一个

---

① 习近平：《论党的宣传思想工作》，中央文献出版社2020年版，第218—219页。

上篇　理论

新的起点和高点，中国新闻学该何去何从？应如何回馈这个学术和理论的好时代、新时代？

第一节　中国特色新闻学的发展

同样是在 2016 年，习近平总书记提出"打造具有中国特色和普遍意义的学科体系"①，并列举了 11 个学科，其中包括新闻学。自此，中国特色新闻学成为显学。

首先，有学者对习近平关于新闻舆论工作重要论述进行了阐述和研究。如季为民和叶俊通过对其理论内涵和内容成果进行分析，认为习近平关于新闻舆论工作的重要论述是马克思主义新闻观在新时代的新发展。②沈正赋通过对其逻辑起点、发展脉络和理论内核进行研究，进一步认为习近平关于新闻舆论工作的重要论述作为习近平新时代中国特色社会主义思想的重要组成部分，是马克思主义中国化、大众化、时代化的最新成果。③徐敬宏和侯伟鹏对习近平全球互联网治理重要论述的理论逻辑和实践路径进行研究，认为习近平全球互联网治理观主要由"网络主权论"和"网络命运共同体"系列理论组成，以"四项原则"和"五点主张"为主要内容，以国际对话沟通机制和全球互联网大会为具体举措。习近平全球互联网治理观为全球互联网治理提供了中国智慧。④卿志军对习近平党管媒体重要论述进行研究，认为习近平

---

① 习近平：《论党的宣传思想工作》，中央文献出版社 2020 年版，第 233—234 页。
② 季为民、叶俊：《论习近平新闻思想》，《新闻与传播研究》2018 年第 4 期。
③ 沈正赋：《习近平关于新闻舆论工作重要论述：逻辑起点·发展脉络·理论内核》，《现代传播》2018 年第 11 期。
④ 徐敬宏、侯伟鹏：《习近平全球互联网治理重要论述研究：理论逻辑与实践路径》，《现代传播》2019 年第 3 期。

党管媒体的战略路径，前提在于尊重新闻传播本身的规律；核心在于管控好舆论阵地；重点在于管好网络安全；根本保证在于明确主体责任；关键在于新闻舆论队伍建设。① 叶俊和赵云泽对习近平关于"新闻学"及"新闻学科"的重要阐述进行研究，认为习近平关于新闻舆论工作的系列讲话、批示，体现出其对新闻、新闻事实、新闻真实、新闻学、新闻学科、新闻教育等基础概念、范畴、观念的深刻认识，对于与时俱进地发展马克思主义新闻观具有重要的意义。② 习近平关于新闻舆论工作的重要论述为中国特色新闻学的发展指明了方向。

其次，有学者从宏观角度为中国特色新闻学建构理论体系。如柳斌杰回应了"中国特色新闻学"是口号还是科学的问题，认为"构建中国特色新闻学的条件已经成熟"，这是"严肃的学术创造，应该把马克思主义中国化，把新闻学术科学化，把新闻理论时代化。"③ 陈昌凤、虞鑫同样认为中国特色新闻学有"学科的基本架构，是一个体系"，而这个体系"植根于中国的新闻实践，又指导实践的发展方向"，是从"当代中国的土壤里成长起来的"。④ 郑保卫提出构建中国特色社会主义新闻学的四个坚持，"坚持以马克思主义为指导，坚持以人民为中心的研究导向，坚持体现继承性和民族性、原创性和时代性、系统性和专业性，坚持党的领导"⑤。

---

① 卿志军：《发展历程、逻辑基础与战略路径：习近平党管媒体重要论述研究》，《现代传播》2021年第4期。
② 叶俊、赵云泽：《习近平对于"新闻学"及"新闻学科"的重要阐述》，《编辑之友》2018年第4期。
③ 柳斌杰：《建构中国特色新闻学的几个问题》，《全球传媒学刊》2017年第3期。
④ 陈昌凤、虞鑫：《"家国"与担当：中国特色新闻学的使命》，《青年记者》2017年第25期。
⑤ 郑保卫：《坚持以马克思主义为指导构建中国特色社会主义新闻学》，《新闻战线》2016年第12期。

再次，有学者分门别类地建构了中国特色新闻学理论体系。比如在话语体系方面，童兵提出"在文化合力中推进新闻学话语体系建设"①，蔡惠福、顾黎提出要"沉到中国新闻传播的历史和现实深处，立足自己的实践形成自己的理论，实现新闻传播话语体系的自主建构"②。在学科建设和高校教育方面，胡钰等学者从"价值塑造""能力培养"和"知识传授"的角度关注了新闻学教育的问题。③丁柏铨④和王润泽等人则关注新闻业态和行业实践方面，如王润泽提出，需要业界和学界的对话，来形成中国特色新闻学的学术认同，同时以深厚而广泛的国际视野，将中国特色新闻学提高到一个新的高度，即"贡献于中国也贡献于世界"⑤。

最后，中国特色新闻学不只是作为新闻传播学的一个分支方向，相反它为整个新闻传播学科提供了指导思想，在西方市场化和专业主义的新闻业走入末路之际，中国特色新闻学的宏伟愿景可以实现新闻传播学的某种救赎。正如李海波等所提出的，这殊为艰难，甚至无法抵达，但其意义在于以高度的理论自觉"想象"另一种新闻传播图景，探索人类新闻业的未来走向；更在于理论与实践之间持续的辩证运动，从新闻传播实践出发总结和创新理论，以新思想介入新闻实践并接受检验、更新，在一种持续不断的动态过程之中，摸索创造出一个更加合理的新闻世界——既解释世界，又改变世界，既回应中国新闻业与新闻学的重大问

---

① 童兵：《在文化合力中推进新闻学话语体系建设》，《现代传播》2017年第6期。
② 蔡惠福、顾黎：《关于中国特色新闻传播学术话语体系自主建构的几点思考》，《新闻大学》2013年第1期。
③ 胡钰、虞鑫：《构建中国特色新闻学：何以可能与何以可为》，《国际新闻界》2016年第8期。
④ 丁柏铨：《中国新闻理论体系调整之我见》，《新闻大学》2017年第5期。
⑤ 王润泽：《挖掘新闻学的中国特色》，《中国报业》2017年第10期。

题，又为人类命运共同体贡献更有实践意义与价值内涵的中国智慧、中国方案。①

第二节　中国特色新闻学出现的问题②

在检视中国特色新闻学学科建设的时候，黄春平发现了一些问题，如学科发展定位不清晰，学科理论的套用照搬，学科方法论的消解等。③ 受到启发，我以为中国特色新闻学发展主要在如下三个方面存在问题。

第一，指导思想与学科建设的张力。

近年来研究中国特色新闻学和马克思主义新闻观的学者越来越多，但也出现不少"应景"式研究成果。如此鲜明的对比提示我们，不能仅仅将中国特色新闻学作为一门"应景"的研究进行学科建设，而忽略了其指导性和总体性的特征。

在实践中，一方面，中国特色新闻学受到西方传播学理论的严重冲击。根据向芬、季为民、叶俊的研究，西方舶来的传播学"在不知不觉中以'科学'的面目逐渐消解了中国共产党的新闻实践经验、新闻理论和马克思主义新闻观传统"，"年青一代学子和记者在传播学哺育下大都已成为西方传播学错误倾向的忠信者"，这在一定程度上使新闻学也"丢失了过去的人文学科底蕴，更远离了中国革命实践经验、中国共产党的新闻宣传传统和马克

---

① 李海波、张垒、宫京成：《格局与路径：新时代中国特色新闻学理论创新刍议》，《新闻与传播研究》2019年第7期。
② 本节主要参考沙垚《群众新闻路线：基于中国特色社会主义新闻实践的启示》，《编辑之友》2022年第1期。
③ 黄春平：《中国特色新闻学科建设的历程与问题检视》，《现代传播》2020年第2期。

思主义的研究范式"①。

另一方面，中国特色新闻学受到西方新闻理论的严重冲击。童兵指出"以西方的新闻学……某些话语冲击中国特色社会主义新闻学学科体系的现象，还时有发生"②，李海波等进一步提出中国新闻学界正在形成几乎由"'西方特色新闻学'及其学科体系、学术体系和话语体系独霸天下的局面"③。比如"盲目照搬和引进西方已经过时的独立主义、自由主义、客观主义、工具主义和技术主义新闻学的话语和思想，磨灭新闻学的本质"④；比如新闻专业主义被认为是"具有普适性的价值，是人类共同的精神财富……为我国媒体提供了一种抵抗政治势力和经济势力的话语"⑤。

究其本源这是一个文化政治的问题，是一种"去政治化"的政治。比如有学者质疑："新闻传播学就是新闻传播学，有中国特色的物理学吗？"⑥ 这是因为他没有意识到"中国特色"并非一般语言学意义上的"中国特色"，"而是具有特定的政治内涵，是指在马克思主义以及马克思主义中国化理论指导下的中国特色社会主义道路、理论体系和制度"。具体到中国特色新闻学，它所探究的新闻学基本问题，"与西方新闻学理论具有政治立场、学术价值、实践意义的明显差异或本质区别"⑦。

---

① 向芬、季为民、叶俊：《高校新闻学科的现状、危机与挑战》，《教育传媒研究》2018年第1期。
② 童兵：《从范畴认知深化马克思主义新闻观研究——对习近平关于新闻舆论、网络传播和哲学社会科学工作讲话提出的十对范畴的思考》，《新闻大学》2016年第5期。
③ 李海波、张垒、宫京成：《格局与路径：新时代中国特色新闻学理论创新刍议》，《新闻与传播研究》2019年第7期。
④ 柳斌杰：《中国特色社会主义新闻学的五块基石——在马克思主义新闻观与中国媒介社会研讨会上的主题演讲》，《全球传媒学刊》2016年第4期。
⑤ 周劲：《新闻专业主义的本土化探索》，《新闻大学》2013年第4期。
⑥ 陈力丹：《新闻传播学学科建设若干问题的思考》，《新闻记者》2017年第9期。
⑦ 宫京成：《正确理解中国特色新闻学需要探讨的几个问题——兼与陈力丹教授商榷》，《新闻记者》2017年第10期。

意识到这一点，就不会将中国特色新闻学"降格为新闻学的一个分支，甚至新闻理论的一个分支"，"乃至仅仅成为一种纯粹的、精雕细琢的专业知识"。① 中国特色新闻学应该"贯穿于整个新闻理论研究、新闻传播教育和新闻舆论工作实践全过程，只有这样才能真正体现马克思主义对新闻舆论工作的科学指导"②。

第二，新闻理论与新闻实践的张力。

李彬提出当今知识界一边是"罗马在燃烧"，另一边却是知识分子"躲进小楼成一统"，做着"不痛不痒"的学问。③ 言下之意，实践正在发生百年未有之创新，有太多值得总结的经验和值得探讨的问题，但是知识分子却躲在象牙塔中，写作着一些无关紧要，不触及社会痛点的论文。理论与实践出现一定程度的断裂。

面对"学界乐于规训业界，而很少为业界说话"的质疑，曹林曾对数位新闻传播学院的院长做过访谈，在与董天策的对话中，他们认为，学界和业界要合作来生产专业知识，提升共同体意识。④ 在与韩立新的对话中，他们呼吁新闻学界与业界应有基于相互需要的知识融合。⑤ 可见，无论是新闻学者还是从业者，均已经意识到这一断裂，并已经开始了弥合工作。

在中国特色新闻学领域，不少学者热衷于对经典原著和历

---

① 李海波、张垒、宫京成：《格局与路径：新时代中国特色新闻学理论创新刍议》，《新闻与传播研究》2019年第7期。
② 柳斌杰：《中国特色社会主义新闻学的五块基石——在马克思主义新闻观与中国媒介社会研讨会上的主题演讲》，《全球传媒学刊》2016年第4期。
③ 李彬：《泥巴汗水的学问——从沙垚〈吾土吾民〉看新一代传播学人的学术追求与取向》，《中国记者》2018年第2期。
④ 董天策、曹林：《学界和业界如何合作生产专业知识——关于新闻学界和业界提升共同体意识的对话》，《青年记者》2020年第28期。
⑤ 曹林、毛清亮：《新闻学界业界应有基于相互需要的知识融合——访河北大学新闻传播学院院长韩立新》，《青年记者》2020年第31期。

代领导人讲话进行释读,从哲学和思辨的角度探索理论真谛,这是重要而且必要的。但仅仅止于此是不够的,中国特色新闻学必须与实践展开对话,解释力就是引导力,解释权就是话语权。

小到一个突发事件。如何解释它,如何引导舆论?它有可能演变为对党和体制的攻击,也有可能成为党和人民群众的又一次生动联结。关键在于我们的媒体和学者的声音是否具有解释力。大到一条道路、一种模式。"诸如政治家办报、坚持正确舆论导向、坚持正面宣传为主、坚持为人民服务、坚持深入基层、坚持新闻的真实性"[①] 等等,如何用新时代的话语,用贴近人民的话语解释中国共产党领导的百年历史中丰富多彩的新闻实践?如果我们的话语没有解释力,仅仅停留在一些政治正确的空话上,那么,新自由主义的话语就会"替"我们解释,他们将西方新闻制度解释为"民主",我们因为和他们不一样,就被定义为"专制"。[②] 并以此蛊惑人心。

因此,理论与实践的张力问题,不仅是一个学术问题,更是一个争夺人心的文化领导权问题。尤其是中国特色新闻学领域,更需要我们站在意识形态的高度去理解。

第三,新闻历史与当代探索的张力。

中国特色新闻学有志于连接中国新闻史和当代新闻实践/新媒体研究,但这两个方面在研究中却是割裂的,归属于两个不同的学科方向,分别由不同的学者展开研究。

[①] 柳斌杰:《发展中国特色新闻学 重构理论实践教育体系》,《光明日报》2016年3月28日第2版。
[②] 赵月枝:《全球视野中的中共新闻理论与实践》,《新闻记者》2018年第4期。

对于新闻史的研究，可谓是成果卓著。比如陈力丹①、朱清河②、田中初③等对"群众办报""全党办报"的研究；童兵④、郑保卫⑤、吴廷俊⑥等对毛泽东新闻思想的研究；黄旦⑦、朱清河⑧、李海波⑨等对延安新闻实践的研究……新闻传播的专题史研究已经形成了较为成熟的体系，不一而足，蔚为大观，并奠定了中国新闻史的马克思主义的方向。此外，还有不少关于中国共产党在延安或新中国成立初期的农村新闻传播的实践和个案研究，比如李文的黑板报研究，认为这是群众办报思想的重要实践基础；⑩田中初聚焦革命根据地的工农通讯员，认为这是一种"知识分子工农化"以及"工农分子知识化"的实现途径；⑪沙垚关注农村读报组，记录了其从群众运动到制度化、经常化的过程，并认为读报组的经验可以对今天媒介中心主义和新闻专业主义的发展路径提供一种另类的思考。⑫

---

① 陈力丹：《毛泽东论群众办报和全党办报》，《新闻界》2017年第11期。
② 朱清河：《"群众办报"的逻辑起点与未来归宿》，《新闻与传播研究》2011年第3期。
③ 田中初：《黑板报："全党办报、群众办报"的一种实现方式——以中国革命根据地实践为视界》，《新闻与传播研究》2008年第4期。
④ 童兵早在1993年至1994年先后在《新闻与写作》发表了十篇毛泽东新闻思想要点，提出要政治家办报、依靠全党和全体人民群众办报、对宣传对象不可没有调查研究、又要有大方向又要新鲜活泼等十大观点。
⑤ 郑保卫：《论毛泽东新闻思想的历史地位》，《当代传播》2011年第3期。
⑥ 吴廷俊、王大丽：《试论"从政治家的角度解读毛泽东新闻思想"》，《新闻大学》2011年第4期。
⑦ 黄旦：《从"不完全党报"到"完全党报"——延安〈解放日报〉改版再审视》，李金铨主编：《文人论政：知识分子与报刊》，广西师范大学出版社2008年版，第250—280页。
⑧ 朱清河：《延安新闻学研究的现状与可拓展空间》，《新闻记者》2018年第2期。
⑨ 李海波：《党报、列宁主义政党与群众政治参与——延安新闻业群众路线的运作机理分析》，《国际新闻界》2018年第3期。
⑩ 李文：《群众办报思想的重要实践基础——黑板报》，《新闻知识》2008年第3期。
⑪ 田中初：《知识分子如何与工农群众相结合——以革命时期的工农通讯员为视点》，《新闻与传播研究》2011年第3期。
⑫ 沙垚：《新中国成立之初农村读报组的历史考察——以关中地区为例》，《新闻记者》2018年第6期。

对于新媒体的研究，同样蒸蒸日上。近年来，中国新闻传播实践出现诸多现象级的"景观"。比如，我们很难想象，李子柒的乡村古装视频能够在全世界获得数以亿计的关注[1]；在新冠肺炎疫情传播过程中，民间短视频和微信公号发挥了重要作用[2]，其传播力丝毫不逊于专业媒体；在乡村组织涣散和人口外流的背景下，一些微信群和直播平台却重新搭建了在线团结，并以虚拟公共性反哺线下的公共生活，建构乡村内生秩序[3]……这个时候，专业新闻机构不再"独领风骚"，无论是其传播能力，还是经营收入，都不断下滑，一个新的新闻传播的时代开始了。

但问题在于，这两个方向之间缺少对话，各行其是，并未统一于中国特色新闻学。在本书中，我无法做到将二者真正统一，但心向往之，我希望能够为这项事业尽一份绵薄之力，将两者置于同一个分析框架之内展开讨论。

那么，这个框架是什么？

第三节　寻找重构中国新闻学的起点[4]

事实上，学者们对理论与实践、历史与当下的断裂问题是有批判性思考的，中国的新闻传播学也正处于一个新的历史节点。一方面，对20世纪80年代以来以施拉姆为代表的所谓主流传播

---

[1] 辛静、叶倩倩：《国际社交媒体平台中国文化跨文化传播的分析与反思——以YouTube李子柒的视频评论为例》，《新闻与写作》2020年第3期。

[2] 黄楚新、朱常华：《短视频在突发公共事件中的功能与作用——以新冠肺炎疫情信息传播为例》，《视听界》2020年第2期。

[3] 牛耀红：《建构乡村内生秩序的数字"社区公共领域"——一个西部乡村的移动互联网实践》，《新闻与传播研究》2018年第4期。

[4] 本节主要参考沙垚《社会主义与乡村：重构中国新闻传播学的起点》，《全球传媒学刊》2020年第3期。

学的批判日益成为科学发展的共识，不少学者转向"史前史"，去关注20世纪初期社会学和新闻学的传统对传播学的影响；① 另一方面，在实践倒逼，以及主流新闻传播学对现实缺乏解释力的背景下，告别"西方理论＋中国经验"的研究范式，重构中国新闻传播学，发展中国特色的新闻传播学研究，成为新的主流。

比如黄旦提出"整体转型"，认为"在当前新传播技术革命的背景下，新闻传播学科的建设再不能是在原有框架中的修修补补，而是需要整体转型。……研究方式向经验性研究转向"②。言下之意，新闻学需要整体转型，突破原有的革命范式和现代范式，向传播学，尤其是经验研究汲取养分。

赵月枝提出"重构中国传播学"，认为要"首先在历史层面，继承汲取传统农业社会的文化资源，继承国家社会主义实践的遗产；其次在当下层面，重视农民的主体性和文化创造力；最后在世界层面，对具有西方中心主义和城市中心主义的发展传播学有清醒的认知"③。在此基础上，朱杰提出，重新书写传播学史，就要"穿透1980年代以来所形成的某种历史观念"，对"20世纪中国"有整体性的把握，其中重要的理论和历史资源是"群众路线"。④

吴飞提出新闻学研究要"重新出发"，认为"城市化的发展限制了研究者的眼光，乡村成为新闻研究者的盲区……希望未来

---

① 刘海龙：《中国传播研究的史前史》，《新闻与传播研究》2014年第1期。
② 黄旦：《整体转型：关于当前中国新闻传播学科建设的一点想法》，《新闻大学》2014年第6期。
③ 沙垚：《重构中国传播学——传播政治经济学者赵月枝教授专访》，《新闻记者》2015年第1期。
④ 朱杰：《想象传播学的一种方式——从"重写传播学史"说起》，《国际新闻界》2019年第8期。

有研究者进入这一领域，如此必可丰富现有的新闻理论研究。"①在吴飞看来，乡村研究会成为新闻学研究再出发的重要起点。李彬提出"重思中国传播学"，认为中国传播学的核心概念与基本理论已经很难有效解释现实，"无法与当代中国及其传播实践展开生机勃勃的对话"，因此要"基于对中国社会历史文化的理解与把握，特别是城市与乡村、内地与边疆、古代与现代、中国与世界的关系维度"去重思和明确中国传播学的理论预设与核心关切。②吴予敏则讨论了重构中国传播学的"时代场景和学术取向"，提出"要保持其（学术）自有理性定力，坚守文化的主体性和人本主义价值观"。并认为"媒介学、公共性、城市和乡村传播研究"值得进行更为深入的研究和思考。③

综上，新闻传播学研究再出发或重构的论断，基本上是围绕"理论与实践""历史与当下"的关系而展开的，一方面，理论框架日渐陈旧和内卷；另一方面，实践发展过于迅速。其结果是，理论跟不上实践。修复和重构这种关系，需要我们转变观念，重新审视西方主流的专业主义新闻理论，重返新闻学和新闻业的逻辑起点——实践④，将目光转向中国特色社会主义新闻实践史。

其一，重构中国新闻传播学必须重返历史，尤其是重返20世纪，重新扎根社会主义实践⑤，将阿兰·巴丢所谓的社会主义的

---

① 吴飞：《重新出发：新闻学研究的反思》，《新闻记者》2015年第12期。
② 李彬：《重思中国传播学》，《当代传播》2015年第4期。
③ 吴予敏：《"重构中国传播学"的时代场景和学术取向》，《国际新闻界》2018年第2期。
④ 张垒：《回归实践：中国道路视野下的新闻学和新闻业》，《华夏文化论坛》2019年第1期。
⑤ 赵月枝：《否定之否定？从中外传播学术交流史上的3S说起》，《国际新闻界》2019年第8期。

"思想进程"和20世纪中国独特的"政治经验"结合起来①,从而打开新的理论想象。而这一点,正是中国特色新闻学的题中之义。

其二,社会主义视角下的乡村和基层是一条重要而独特的线索,可以作为重构中国新闻学的突破口。但现实却是,很少有研究者将乡村和基层作为中国特色新闻学的实践基础与理论来源之一。

可是,近年来传播学对乡村表达出浓厚的兴趣,乡村传播学甚至成为显学。研究者们多采用民族志的方法,关注乡村的仪式、空间、权力、文化等。颇具代表性的有郭建斌对独龙族乡村电视的研究,提出"权力的媒介网络"②;吴飞对传统文化空间火塘进行研究,认为火塘、教堂和电视三者建构了乡村社区的传播网络,藉此带来社会权力的变化;③ 卜卫对农村妇女媒介使用的研究,认为传统媒体具有农民表达与赋权的意义;④ 孙信茹对云南普米族乡村青年微信使用情况的研究,发现了自我文化书写、生活空间、个体意识和族群新年的多元互动⑤……

此类研究虽然表面上看与中国特色新闻学相去甚远,但研究者均通过扎实的田野调查,描绘并在一定程度上阐释了中国新闻传播实践的复杂性。再比如新闻史专题中的研究对象多为延安或工农兵的新闻实践,也涉及了乡村与基层,甚至可以说乡村与基层是彼时马克思主义新闻思想在中国落地的主要实践场域,

---

① [法]阿兰·巴丢:《共产主义设想》,赵文译,载汪民安主编《生产:"五四风暴"四十年反思》,广西师范大学出版社2008年版,第18页。
② 郭建斌:《电视下乡:社会转型期大众传媒与少数民族社区——独龙江个案的民族志阐释》,博士学位论文,复旦大学,2003年。
③ 吴飞:《火塘·教堂·电视:一个少数民族社区的社会传播网络研究》,光明日报出版社2008年版。
④ 卜卫:《重构性别—媒介研究:从本土妇女媒介使用经验出发》,《中国社会科学报》2012年3月7日第A08版。
⑤ 孙信茹:《微信的"书写"与"勾连"——对一个普米族村民微信群的考察》,《新闻与传播研究》2016年第10期。

这为今天在中国特色新闻学视阈下讨论乡村与基层问题打下了基础。

现实中,中国特色新闻学理论体系对乡村和基层问题失声是有原因的。19世纪末以来,奔走于香港—上海走廊上的知识分子,兴办新式媒体、学校、银行等,便是通过告别乡土中国的方式来推进经济、政治和文化的现代化。"中国庞大的内陆乡村和底层世界始终是一个远远落在现代文明身后的他者。"①

如果说新自由主义话语正日益成为新闻传播学科的主流话语,那么其遮蔽的恰恰是社会主义的新闻实践。"中国的马克思主义新闻学也是从山沟沟里发展起来的"②,如今想要让这一独特的新闻学传统在文化自觉的"新时代"为"新闻学敞开前所未有的学术空间"③,需要我们重新扎根历史,从中国共产党新闻理论与实践中归纳和提炼中国特色社会主义的新闻传播理论。④ 尤其是重新审视和对接中国特色社会主义的历史实践与乡村基层传统。乡村新闻实践是中国共产党把马克思主义新闻理论、传统和中国国情、传统文化相结合,在广大农村地区进行的一次卓有成效的、现代性意义上的"再造中国"的伟大社会探索。这不同于当代舶来的"传播学",而是立足中国大地,完成革命的、现代的思想启蒙和社会动员,使中国共产党、社会主义观念成为人心所向,对新时代中国特色新闻学理论具有重要的意义。中国共产党百年来一系列的新闻传播实践和制度创造理应成为中国特色社

---

① 王维佳:《现代中国空间政治变迁中的知识分子与文化传播》,《天涯》2011年第5期。

② 赵月枝、林安芹:《乡村、文化与传播:一种研究范式的转移》(上),《教育传媒研究》2017年第4期。

③ 李彬:《新闻学若干问题断想》,《兰州大学学报》(社会科学版)2018年第1期。

④ 赵月枝:《全球视野中的中共新闻理论与实践》,《新闻记者》2018年第4期。

会主义新闻传播研究的基础和遵循。如今，我们不仅要追问为什么这样一套完整的经验和制度却没有成为当代新闻传播学的主流，更重要的是，应及时而深刻地去总结中国特色社会主义新闻传播实践的经验，以更好地面向未来。①

不仅如此，在社会主义框架下讨论乡村与基层新闻实践还具有世界普遍意义。"现在是一个特殊的历史机遇"，当今世界正处于资本主义体系内外抗争的一个新回合开始期。具体到新闻领域，以市场化、商业化、专业主义、精英主义为主导范式的西方新闻模式，同样遭遇了前所未有的挑战。② 西方新闻界与主流政治精英、全球商业精英、中产阶级在社会意识和政治属性上高度同构，媒体精英与基层民众和社会生活严重脱节，③ 如何解决这种代表性危机，论者不约而同地指向了中国共产党的新闻传统，如库柏在痛陈了西方记者"不接地气"的问题后，呼吁新闻界急切需要重大的调整，解决办法是把受过高等教育的年轻记者派往乡村，"听起来可能像是毛式'再教育'运动"④。重新认识中国共产党的新闻传统是新时代的重要课题。

应该说，从梁漱溟的乡村运动，到毛泽东的工农联盟、农村包围城市，再到20世纪60年代的生产性乡村，乡村和基层中国始终是作为方法而存在的，可以解决城市，甚至是民族的危机。因此，近年来，赵月枝在受到沟口雄三《作为方法的中国》和陈

---

① 沙垚：《社会主义与乡村：重构中国新闻传播学的起点》，《全球传媒学刊》2020年第3期。
② 赵月枝：《全球视野中的中共新闻理论与实践》，《新闻记者》2018年第4期。
③ 王维佳：《媒体建制派的失败：理解西方主流新闻界的信任危机》，《现代传播》2017年第5期。
④ ［英］库柏：《新闻记者应该"下乡"采访》，何黎译，FT中文网，2016-05-03，http://www.ftchinese.com/story/001067355。

光兴《去帝国——亚洲作为方法》等论著的启发之后，提出"乡村作为方法"。尤其是在中国乃至全世界的生态问题、食品安全、农业危机越来越复杂，越来越严重，社会主义文化领导权遭遇危机，社会治理出现难题的情况下，我们有必要重新发现乡村和基层，将乡村本身作为克服当代城市，乃至整个社会的危机的方法。① 这并不是从一个机械二元论滑向另一个机械二元论，不是从以城市为标准的问题乡村，变成以乡村为方法的问题城市，而是在一种辩证的关系中批判地去讨论和发掘一种弱势的文化和实践资源，并赋予其一种复兴的可能性。

一方面，20世纪中叶，中国社会主义探索的生动性常常被简单地概括为"政治挂帅"而弃置；另一方面，中国乡村长期以来被视为现代化的负担而遭到否定。但是，打开21世纪，恰恰需要社会主义与乡村传统，这不仅在于20世纪中国社会主义实践为未来中国积累了丰富的经验和教训，而且在于中国乡村事实上正在作为方法去解决当代社会遇到的种种困难。这也正是"作为方法的中国"最为重要的内涵之一。因此，我们要对以施拉姆为代表的传播学，以及日益"内卷化"的新闻学进行反思，提出重构中国新闻传播学，而重构之起点就是社会主义与乡村。将乡村和基层新闻实践纳入中国特色新闻学的研究视阈，尤其是从历史和实践两个方面吸收"营养"，可以更好地滋养中国特色新闻学的理论体系建构，更好地打通理论、历史与实践的互动关系，既增加理论的历史深度，又增强理论对现实的回应能力，进而指导实践，避免自说自话的尴尬与困境。

---

① 赵月枝：《乡村作为方法？理论思考与实践意义》，"从全球到村庄"国际暑期班主题演讲，2017年7月2日。

第二章　中国新闻史研究的再出发*

赵汀阳提到"历史乃中国精神世界之根基"①，从某种程度上看，历史是中国人的信仰。根基不稳则大厦倾覆。论从史出，中国特色新闻学的再出发必须深入而细致地去考察20世纪，从中发现更多的、面向未来的可能性，这就要求中国新闻史研究再出发。

自新史学以降，"历史事实"变成玄之又玄的存在，也给各种虚无主义制造了可乘之机。这种情况下，与其去争辩一个事实，不如去强调一种态度。我们永远无法复现、复原全部的历史事实，但是"如将不尽，与古为新"，我们便是抱着这样的态度重返20世纪，在尊重历史延续性的前提下，探讨如何从历史中再生产出一个更为美好的未来。

第一节　中国新闻史研究的内卷与转向

据宁树藩先生回忆，早在1956年王中先生就提出"不能把

---

* 本章主要参考沙垚《与古为新：一种面向未来的新闻传播史研究视角》，《南京社会科学》2021年第8期。

① 赵汀阳：《历史·山水·渔樵》，生活·读书·新知三联书店2019年版，第1页。

报刊史讲成党史"，1979年在《中国新闻史研究方法的若干问题》一文中，宁先生批评了把中国新闻史写成中国政治史、思想史或中共党史的错误，提出"要把握新闻史的自身特性"。① 后来吴文虎着重从哲学本体论和历史本体论的理论高度，对中国新闻史研究的革命史范式进行了批评，认为这是"本体迷失和边缘越位"。② 这种强调新闻本体的中国新闻传播史研究路径被概括为"本体论范式"③。

重新简单追溯这段历史，首先，可以看出对中国新闻史研究的革命史、政治史范式的反思并非是从2000年之后开始的，至少可以追溯至改革开放之初。1981年7月，在中国社会科学院新闻研究所和北京新闻学会主办的中国新闻史研究座谈会上，中国新闻传播学界的先行者已经就此达成了共识。其次，略感遗憾的是，将这一洞见认定为"本体论范式"，并以之替换"革命史范式"，则忽略了这一探索的深层意义，即中国新闻传播史研究学科主体性的激活。换言之，这不是一种范式取代另一种范式的问题，而是一种学科主体意识的整体性觉醒。只是在当时的时代语境下，这种自觉还不够自信，还需要借助改革开放提供的背景合法性，如履薄冰地展开。

邓绍根梳理了1979—1999年中国新闻传播史研究的代表性成果④，从中可以看出虽然这段时间的成果丰富而重要，但是依然

---

① 宁树藩：《关于中国新闻史研究中强化"本体意识"的历史回顾》，《新闻大学》2007年第4期。
② 吴文虎：《本体迷失和边缘越位——试论中国新闻史研究的误区》，《新闻大学》2007年第1期。
③ 宋三平：《"革命史范式"和"本体论范式"的转换——中国新闻传播史研究路径的思考》，《南昌大学学报》（人文社会科学版）2008年第6期。
④ 邓绍根：《回顾与前瞻：新中国70年新闻传播史研究》，《山西大学学报》（哲学社会科学版）2019年第5期。

在两个层面存在遗憾。其一，研究虽然开始聚焦"本体"，但忽略了"主体"，20世纪末中国新闻传播史研究较为明确地摆脱了"革命史"和"政治史"的范式，将"事业史、文本史和人物史"① 作为"本体论"的核心要素展开；但是"新闻史是历史的科学"②，其依然被理解为依托于某种职业的"史学"的特殊的分支方向。③ 中国新闻传播史并没有作为一个具有"主体性"的学科方向而出现。其二，研究虽然"全面开花"，但缺少真正的范式革命。从"革命史"到"本体论"，更多是研究对象的转移，其背后的世界观和方法论并没有太多变化，虽然研究已经涉足古今中外，及专题史、地方史等，但依然是在传统史学的范式内进行，侧重于考据史料和探索规律，20世纪50年代即已开始盛行于欧洲的新史学，对于20世纪末的中国新闻传播史领域来说，影响甚微。

从这个意义上说，2007年是中国新闻传播史研究史上的一个重要年份，以至于张晓锋和程河清在对新中国70年新闻史研究进行分期时，将2007年作为21世纪以来中国新闻史研究的分水岭。④ 其标志性的事件是2007年《新闻大学》发起的"中国新闻史研究的体例、视野和方法——中国新闻史研究现状笔谈"，以及笔谈之后，该杂志发表的一系列有关中国新闻史研究的反思性文章。另外，《国际新闻界》2008年第4期也专门组织了"新闻

---

① 易耕：《新闻何以成史——浅谈中国新闻史学研究的定位、路径及迷失》，《当代传播》2014年第6期。
② 方汉奇：《方汉奇自选集》，汕头大学出版社2004年版，第13页。
③ 陈世华：《西方史学传统对新闻传播史研究的启示》，《华南理工大学学报》（社会科学版）2009年第6期。
④ 张晓锋、程河清：《中国新闻史研究70年（1949—2019）》，《新闻与传播研究》2019年第8期。

史教学和研究"专栏进行笔谈,2009年第4期组织了"海外学者看中国新闻史研究"的"本期话题",等等。这些发表集中呈现出如下几点共识:

第一,发现危机。学者们普遍意识到中国新闻传播史研究陷入了某种困境,吴廷俊和阳海洪将之概括为"学术内卷化",认为"学术研究不能提供新的知识,无法产生新的边际效应,学术研究只是在不断重复自己和别人,缺乏史家通过研究成果所表现出来的真知灼见"①。第二,学科主体意识明显增强。如黄旦认为中国报刊史研究忽视了"主体性问题",进而提出要将对"历史的报刊"研究转变为对"报刊的历史"的研究,"所谓主体,就是以报刊为中心和视野,并以此展开史实、分析报刊与社会关系,以及揭示评价其意义和价值"②。这在事实上挑战了将新闻史仅仅作为历史学分支方向的研究取向。

最为重要的是第三点,中国新闻传播史研究在2007年开始了明显的新史学转向。但这一转向是以一场"争鸣"为起点的,争鸣双方的观点对后来十余年新闻传播史的发展影响深远。

《"新新闻史":关于新闻史研究的一点设想》一文中将中国新闻史研究遭遇尴尬的原因归结为受到"传统的实证主义史观"的影响,"过于强调实证、考据、数据、材料等僵死名物,而未免忽略历史与史学的鲜活要义"。因此,李彬提出借鉴西方"新史学"的研究方法与路径,更注重史学的"当代性""思想性"和"叙事性"。③ 随后《也谈新史学:关于新闻史研究的若干思

---

① 吴廷俊、阳海洪:《新闻史研究者要加强史学修养——论中国新闻史研究如何走出"学术内卷化"状态》,《新闻大学》2007年第3期。
② 黄旦:《报刊的历史与历史的报刊》,《新闻大学》2007年第1期。
③ 李彬:《"新新闻史":关于新闻史研究的一点设想》,《新闻大学》2007年第1期。

考》一文肯定了新闻史研究对西方史学理论和方法的借鉴，但更强调这些思路与方法必须建立在一个前提之下，即不能"否定客观呈现历史过程的必要性"，简言之，不能以"论"否定"史"，相较而言，程曼丽更看重如何使传统实证史学在新的历史条件下焕发出新的生命力。①

不管怎样，2007 年之后，新史学对于中国新闻传播史研究的影响势不可挡，短短几年内，便呈现出"范式林立"的学术景观。吴廷俊和李秀云曾对 2004 年至 2014 年中国新闻传播史研究进行述评，概括出：新闻本体范式、新新闻史范式、媒介生态范式、媒介社会学范式和现代化范式。② 2017 年，王晓梅对这一轮范式革命进行总结，将其提炼为"社会史视角"和"现代化叙事"。③ 应该说这一概括是具有解释力的。前者，无论是媒介生态学视角、媒介社会学还是区域社会学视角，都是在"总体史"思维的引导下处理媒体与周遭社会的关系；而后者，是一种与新史学/社会史相匹配的史学书写的技术与方法。

那么什么是社会史范式？"社会史""新史学""总体史"又是什么关系？马敏阐述得较为清晰，"'总体史'范式也就是目前我们所能遇见到的新史学的根本范式。在中国，这一'总体史'范式通常又与'社会史'相联系，在这一意义上的'社会史'往往成为'新史学'的代名词"④。艾瑞克·霍布斯鲍姆将社会史总

---

① 程曼丽：《也谈新史学：关于新闻史研究的若干思考》，《新闻大学》2007 年第 3 期。
② 吴廷俊、李秀云：《百尺竿头——中国新闻传播史研究十年（2004—2014）述评》，《新闻春秋》2015 年第 1 期。
③ 王晓梅：《反思与重构：对中国新闻史研究和书写的一种观察》，《新闻与传播研究》2017 年第 9 期。
④ 马敏：《商会史研究与新史学的范式转换》，载杨念群主编《新史学：多学科对话的图景》，中国人民大学出版社 2003 年版，第 503—504 页。

结为三种观点：一是关于穷人或下层阶级的历史，二是关于日常生活、风俗或生活方式的历史，三是社会经济史。① 具体到中国新闻传播史研究领域，社会史范式就是要"解释和研究传播和社会之间相互影响的各种问题"，"分析传播过程、研究媒介和社会的相互作用、相互影响"②。"将新闻传播作为社会运动的一个有机环节，既关注新闻本体的内在关系，更探究新闻与社会的外在关联，如政治经济、文化思想、社会生活、风俗习惯、时代心理等等，而不是就新闻谈新闻"③。

总之，2007年大讨论及其影响，使中国新闻传播史研究"维度多了，层次丰富了"，更有"立体感"了，尤其是方汉奇先生认为，中国新闻传播史研究"不是在原地盘旋，而是螺旋式上升"，达到了"新的高度"。④

第二节 建构论与实践论的影响

在新闻社会史范式流行之初，研究者们似乎还不太能处理好"新闻"与"社会"的关系，无法做到有机统一和互嵌。或如唐海江所言，在相关论述中"媒介"与"社会"常常是"割裂"的，好像是被抽去内容的"两张皮"。⑤ 其中似乎隐含着某种简单

---

① [英]艾瑞克·霍布斯鲍姆：《从社会史到社会的历史》，载蔡少卿主编《再现过去：社会史的理论视野》，浙江人民出版社1988年版，第2—3页。
② 陈昌凤：《中国新闻传播史——媒介社会学的视角》，北京大学出版社2007年版，第4页。
③ 李彬：《"新新闻史"：关于新闻史研究的一点设想》，《新闻大学》2007年第1期。
④ 方汉奇、曹立新：《多打深井多作个案研究——与方汉奇教授谈新闻史研究》，《新闻大学》2007年第3期。
⑤ 唐海江：《"正在构成"的新闻史：社会建构论与中国新闻史研究》，《国际新闻界》2010年第7期。

"二元论"的预设,因此,黄旦建议转向"建构主义"——"从社会决定论向社会互动论转化;从抽象的因果推论向具体的事实描述转化;从事例归纳向意义解释转化"①。

什么是建构论的中国新闻传播史研究?建构主义认为不存在本质的、客观的、无偏见的现实,现实是在个体、社群和文化的互动/传播过程中建构起来的。"传播无法离开现实独立生存,现实也不会先于传播而出现。传播参与'真实'的现实的形成和演变。"② 在建构论者看来,新闻史是"行动者和社会结构持续互动、相互建构的历史过程",新闻史研究者要做的,是"从历史场景出发,描述互动和共建的具体情节,活络并重现新闻史的真实世界,实现历史真实",建构论的新闻史研究注重"研究过程""互动分析"和"人的能动性"③。比如塔奇曼在《制造新闻》一书中认为,客观性只是记者为避免指控而进行的一种"仪式崇拜",新闻生产的行为就是建构新闻事实本身。④

什么是实践论的中国新闻传播史研究?近年来,研究者们讨论较多的是库尔德利提出的"媒介实践"论,他要求研究者从对媒介文本和媒介组织的关注中解放出来,去关注人类社会实践,"人们在用媒介做什么"⑤。关注"媒介融入人们日常生活的过程与机制"⑥,重点是"揭示行动者如何嵌入某一社会实践形成、发

---

① 黄旦:《由功能主义向建构主义转化》,《新闻大学》2008 年第 2 期。
② 李希光:《转型中的新闻学》,南方日报出版社 2005 年版,第 107 页。
③ 唐海江:《"正在构成"的新闻史:社会建构论与中国新闻史研究》,《国际新闻界》2010 年第 7 期。
④ [美]沃纳·赛佛林、[美]小詹姆斯·坦卡德:《传播理论起源、方法与应用》,郭镇之等译,华夏出版社 2000 年版,第 361 页。
⑤ [英]尼克·库尔德利:《媒介、社会与世界:社会理论与数字媒介实践》,何道宽译,复旦大学出版社 2014 年版,第 46—47 页。
⑥ 王斌:《从技术逻辑到实践逻辑:媒介演化的空间历程与媒介研究的空间转向》,《新闻与传播研究》2011 年第 3 期。

展和变化的历程"①。黄旦将"媒介实践"引入中国新闻史领域，将之作为新报刊（媒介）史书写范式变更的一种理论资源，并要求驱除其中多包含的工具性意指，提出"所谓的媒介实践，关注的重点不仅是人们用媒介做什么，同时也是媒介使人做了什么，形成了何种传播形态，并由此产生何种改变"②。

　　建构论和实践论的新闻史研究都强调社会行动主体的能动性，注重历史的过程性分析，以及人与媒介的互动。但前者侧重于建构，后者侧重于实践。从理论的根源上理解，建构论的新闻史研究是对新史学和解构主义的继承，依然属于后现代主义的史学观，即不承认客观的、本质的、绝对的历史，认为一切都是建构的。而实践论的新闻史研究在一定程度上是对后现代史学观的"找补"，即侧重于回答基于什么进行建构——答案一定是历史实践。因此，实践论的新闻史研究在一定程度上试图回应新史学与传统史学的争鸣，其主要方式是强调作为主体的人类历史实践。王润泽将新闻理解为人类建构世界的一种主体实践，新闻实践史可以将人们从客观性、新闻价值等抽象概念中解放出来，从物质实践出发去理解和观察新闻与世界的关系。③ 或者说，实践论是用实践的方法和视角进行着方汉奇先生所倡导的"做个案""挖深井"④ 的探索。

　　世界如何存在、世界是什么，取决于我们怎么书写和建构，

---

① 顾洁：《媒介研究的实践范式：框架、路径与启示》，《新闻与传播研究》2018年第3期。
② 黄旦：《新报刊（媒介）史书写：范式的变更》，《新闻与传播研究》2015年第12期。
③ 王润泽：《新闻实践史》，《新闻春秋》2020年第3期，卷首语。
④ 方汉奇、曹立新：《多打深井多作个案研究——与方汉奇教授谈新闻史研究》，《新闻大学》2007年第3期。

而不在于它本来是什么样的,不存在我们书写之外的历史,所有的历史都是因为被我们书写才得以存在,被后人阅读。那么,最为关键的就是书写者和历史的关系,他见到了什么,听到了什么,书写了什么,忽略了什么,以及为什么。即,建构论者认为这种关系是唯一可以被捕捉、被观察、被研究的;实践论者认为,这些关系只有在主体的实践中才能呈现出来。因此,不能把个体和社会、主观和客观等问题看成对立的,而应将之看作辩证的、互补的、统一于实践的,它们都是更全面理解实践意义的必要方面。

  建构论和实践论在中国新闻传播史研究领域已经产生了一定的影响,取得了一些成果。前者代表性的成果,如有李红涛和黄顺铭关于媒介记忆的系列作品,他们通过呈现1949—2012年间《人民日报》对南京大屠杀的报道,探讨了历史记忆的建构过程[①];他们还通过研究十二份报纸在2000—2012年关于记者节的报道,探讨了新闻界如何从断裂的历史中清理出延续的传统,进而建构当下的专业话语。[②] 后者代表性的成果,如金庚星通过再现19世纪末20世纪初上海火警中旗灯、钟楼和电话使用的历史实践,探讨了媒介与社会变迁的互动,指出媒介自身的变迁,使得相关的社会行为、机构设置也发生了变化。[③] 再如卞冬磊从"日常生活实践"的角度理解报刊和书籍的阅读,提出"阅读史"的视角,将新闻史研究从聚焦阅读文本和文本生产转移到阅读行

---

① 李红涛、黄顺铭:《"耻化"叙事与文化创伤的建构:〈人民日报〉南京大屠杀纪念文章(1949—2012)的内容分析》,《新闻与传播研究》2014年第1期。
② 李红涛、黄顺铭:《传统再造与模范重塑——记者节话语中的历史书写与集体记忆》,《国际新闻界》2015年第12期。
③ 金庚星:《媒介的初现:上海火警中的旗灯、钟楼和电话》,《新闻与传播研究》2015年第12期。

为的外部世界，讨论"谁在读"和"怎么读"的问题。①

第三节 与古为新的研究视角

"建构论"与"实践论"之中依然有一些问题值得我们进一步深思。对于建构论来说，其似乎没有很好的回答为什么进行建构，或者说建构背后的意图/动力是什么？对于实践论来说，首先，其过于决绝地拒绝媒介工具论，这是否会影响其对实践理解的全面性？毕竟工具理性也是实践不可弃置的一个重要方面；其次，一方面，实践论要求"去中心化"和"去二元论"②，但另一方面，当前实践论主导的新闻史研究却强调回归媒介/技术中心本位，其是否陷入了某种内在的张力之中？

或许有人会质疑，无论是对"建构"原因的强调，还是对"工具论"的复盘，它们是否都已经落入了功能主义的窠臼？

前提是需要重新认识"功能"，或者说，将被实践论新闻史研究"驱除"的"功能"重新找回来。功能主义之所以成为一种"主义"，在于其错误地将媒介置于整个社会功能结构的中心③，"效果和影响成为传播研究唯一的任务"④，换言之，功能成为评价新闻传播史的唯一标准。比如在"革命史"为主导范式的阶段，媒介被视为政治的工具。国内21世纪初曾掀起一股批判功能

---

① 卞冬磊：《从报刊史到报刊阅读史：中国新闻史的另一种视角》，《国际新闻界》2015年第1期。
② 顾洁：《媒介研究的实践范式：框架、路径与启示》，《新闻与传播研究》2018年第3期。
③ Couldry, N., "Theorising Media as Practice", *Social Semiotics*, Vol. 14, No. 2, 2004.
④ 胡翼青：《重塑传播研究范式：何以可能与何以可为》，《现代传播》2016年第1期。

主义的浪潮，恰恰是在这个时候，实践论被引入新闻传播史领域。因此，研究者们迫切希望驱除其中功能主义的元素之后再对其加以利用。这是否构成一种矫枉过正？

从根源上说，马克思认为"人们自己创造自己的历史，但是他们并不是随心所欲地创造，并不是在他们自己选定的条件下创造，而是在直接碰到的、既定的、从过去继承下来的条件下创造"①。其中就包含着较为强烈的因果关系和现代性元素。

顾洁提出在宏观层面，"媒介实践论与媒介功能主义的关系也并不能简单理解为超越和被超越的关系"，本质上说，"二者都是反映主体行动和社会秩序的宏观本体论框架"②。沙垚和李雪丽提出实践功能论，认为任何实践都必然产生社会影响或效果，因此实践必然具有社会功能，应该承认"功能"是一个客观存在的社会认知。一方面固然要批评作为"主义"的功能，另一方面也要看到将"功能"从"功能主义"中剥离的可能性以及重新定义"功能"的必要性。③ 事实上，库尔德利并不拒绝"功能"，他甚至提出与"功能"紧密相关的"媒介需求论"④，因为媒介具有满足人的基本需求的社会功能。因此，一种新的新闻传播史观要求我们重新冷静地讨论媒介功能史，尤其是在历史实践中将"功能"作为必不可少的一个维度展开论述。

基于此，我提出一种面向未来的新闻传播史研究视角——与

---

① ［德］马克思、［德］恩格斯：《马克思恩格斯选集》（第1卷），中共中央编译局译，人民出版社1995年版，第585页。
② 顾洁：《媒介研究的实践范式：框架、路径与启示》，《新闻与传播研究》2018年第3期。
③ 沙垚、李雪丽：《重返实践功能：功能主义传播研究的再思考》，《郑州大学学报》（哲学社会科学版）2020年第5期。
④ ［英］尼克·库尔德利：《媒介、社会与世界：社会理论与数字媒介实践》，何道宽译，复旦大学出版社2014年版，第39页。

古为新。事实上,学者们早已有过相关的论述,只是大家并未将之作为一种新的新闻传播史的研究视角进行强调。

直接启发我的是近年来流行的媒介考古学,齐林斯基要求媒介考古学"以务实的态度挖掘历史幽深之处,这可能有助于我们走向未来"①。国内研究者黄旦也提出"从历史中汲取智慧,紧紧扣住媒介技术、传播形态和学科的关系,以新的基点、新的思路来筹划新闻传播学科的未来,已属当务之急"②。尽管依然强调"紧紧扣住"媒介,但也急切地提倡基于历史实践,面向未来的态度和视角。

这一基本的历史态度和研究视角得到了众多学者的呼应。威廉斯早就说过,我们去阅读和理解"非凡的前辈",不是要把我们"拉回过去",而是把我们"推向未来"③,是要我们和前辈们一起寻求解决今天社会危机的答案。刘岩之所以要再现和讨论"东北老工业基地历史的各种文本与文化现象",是希望可以"最终抵达对蕴含社会主义经验的文化生产的未来可能的尝试性探究"④。朱羽认为,"真正救赎过去,需要将'过去'作为'潜能'来阅读,将之视为尚有待实现的'起源',同时使之向新的历史经验与历史条件开放"⑤。汪晖则更为透彻地指出,我们要竭尽全力将"20世纪中国从对象的位置上解放出来,即不再只是将

---

① [美]埃尔基·胡塔莫、[英]尤西·帕里卡主编:《媒介考古学:方法、路径与意涵》,唐海江主译,复旦大学出版社2018年版,第10页。
② 黄旦:《新闻传播学科化历程:媒介史角度》,《新闻与传播研究》2018年第10期。
③ [英]雷蒙·威廉斯:《文化与社会:1780—1950》,高晓玲译,商务印书馆2018年版,第8页。
④ 刘岩:《历史·记忆·生产——东北老工业基地文化研究》,中国言实出版社2016年版,第10页。
⑤ 朱羽:《社会主义与"自然":1950—1960年代中国美学论争与文艺实践研究》,北京大学出版社2018年版,第430页。

这一时代作为当代价值观和意识形态的注释和附庸，而是通过对象的解放，重建我们与 20 世纪的对话关系"①。一言以蔽之，我们与历史不再是研究与被研究的关系，而是一种对话关系。

首先，与古为新的研究视角强调以问题为导向。这与社会史视角有着某种内在的契合。由"理论"牵引，向"史料"发问，以"问题"为导向、"分析"为目的。② 即在现实问题的指引下，选择一定的理论视角，重返新闻实践的现场或情境，在更广阔的历史与现实进程中进行考察，总结经验和智慧。

其次，与古为新的研究视角强调一种面向未来的态度，自新史学以降，"历史事实"变成玄之又玄的存在，这时候，与其去争辩一个新闻史实，不如去强调一种态度。相比于理论，或许态度更为重要，因为它不仅是理论的，而且还包含着某种价值和情感，而人们总是据此塑造自己的生活乃至这个世界。与古为新，要求新闻史研究者不再将自己定位为历史的评价者，或是站在历史的尽头进行回望和审视，而是"而是回到历史的起点，将其视为一个有待展开的过程"③，换言之，这是一种历史支持之下的面向未来的态度。但这并不是要把历史理解为"乌托邦"或"伊甸园"，用过于浪漫化的视角去看待历史，从而厚古薄今……这种一厢情愿地"逸入历史"的态度也是一种消极和虚无，"会生产出一种的新的原罪意识，不仅可能取消所有在社会主义时期的思想探索与反抗的合法性，并使我们丧失创造未来的勇气和力量"④。

---

① 汪晖：《世纪的诞生》，生活·读书·新知三联书店 2000 年版，第 4 页。
② [英]彼得·伯克：《法国史学革命：年鉴学派，1929—1989》，刘永华译，北京大学出版社 2006 年版，第 2 页。
③ 罗岗：《人民至上》，上海人民出版社 2012 年版，第 127 页。
④ 蔡翔：《革命/叙述：中国社会主义文学—文化想象（1949—1966）》，北京大学出版社 2018 年版，第 2 页。

最后，与古为新的研究视角坚持实践功能论。一方面，与古为新的研究视角继承了"实践论"的理论资源。既强调探寻历史和结构背后的深层动力，又重视主体/实践者的能动性。[①] 以问题为导向，重返历史实践，以共情式的方法去关注当年的实践者如何发挥能动作用，解决发展过程中遇到的困境或危机。另一方面，"功能"是一个重要的关键词，当代新闻事业处于全球资本主义和中国社会转型的双重夹缝之中，或者说，中国新闻事业正在走上一条人类历史上从未走过的路，没有现成的经验和模式可循，尤其需要我们如履薄冰地去汲取历史上的智慧，从中发现更多面向未来的细节与可能性。

在与古为新的研究视角下如何开展中国新闻传播史研究？现试举两例。需要说明的是，本书提供的两个案例表现出了过于强烈，甚至是一一对应的因果关系，这未必可取，但是矫枉必过正，我试图表达的是，中国新闻传播史研究没有必要回避功能论和因果关系。

（一）以20世纪60年代初"物的焦虑"回应当代城乡关系

近年来，中国城市化进程不断加速，城乡问题成为一个重要问题。如何处理，关系到乡村振兴战略能否顺利落地实施，以及未来中国能否长治久安。吕新雨曾发问：为什么中国人会有一个如此强烈的信仰，即认为"都市是好的，都市文明是现代文明的必由之路"，同时她也提醒我们，城乡断裂并非当代独有，20世纪以来中国就一直在处理城乡关系这一最为深刻的现代性问题。[②]

[①] 张小军：《让历史有"实践"——历史人类学思想之旅》，清华大学出版社2019年，前言第4页。
[②] 吕新雨：《新乡土主义，还是城市贫民窟？》，《开放时代》2010年第4期。

20世纪60年代初是一个重要的时间节点。经过十余年的社会主义建设，物质得到了较大的丰富，迈斯纳提出在这一时刻，"日益丰富的物质生活反而可能动摇群众对共产主义的信仰，因此而成为无产阶级政权担心的主要问题"①。蔡翔进一步将之表述为"日常生活的焦虑"，或者说"物的焦虑"。②青年一代发现，乡村在文化政治和精神价值层面的优越感似乎正在让位于象征着工业化和现代化的城市。许多农村青年开始模仿城市的趣味和品味，追求较为舒适的生活和工作环境。所以，从这个意义上讲，物的焦虑是一种文化领导权的危机。

在这样的历史和实践背景下，中国共产党如何利用新闻传播和文化宣传的方式在彼时的历史语境下回应和讨论这个问题？包括社会主义如何平衡政治目标和现代化目标之间的矛盾，等等，或许可以给今天带来一些启示。重新发掘中国新闻传播史的一次事件，就有了更为深刻与深远的内涵。

1963年《中国青年》第2期曾发行了"学习雷锋"特刊；是年第7期发起了"青年应该有什么样的幸福观"的讨论。由此可以看出彼时的基本策略——通过讨论如何定义幸福来化解"物的焦虑"，而雷锋则提供了一个正面样板。"青年应该有什么样的幸福观？……应该怎样看待物质生活和精神生活？人生最大的幸福是否就是吃得好、穿得好、住得好？"③雷锋同志的答案是："我觉得人生在世，只有勤劳，发奋图强，用自己的双手创造财

---

① ［美］迈斯纳：《毛泽东的中国及其发展》，张瑛等译，社会科学文献出版社1992年版，第233页。
② 蔡翔：《革命/叙述：中国社会主义文学—文化想象（1949—1966）》，北京大学出版社2018年版，第331页。
③ 编者按："问题讨论"栏目，《中国青年》1963年第7期。

富，为人类的解放事业——共产主义贡献自己的一切，这才是最幸福的"①。具体来说，其一，重述"大者""远者"的社会主义理想，帮助青年们再次坚定关于未来的想象，这符合青年们喜欢浪漫和幻想的本性；其二，强调通向未来的途径是劳动和创造，是从消费主义转向生产领域，通过对消费的质疑，来实现重返生产，反复强调是生产赋予了消费的合法性，这也符合青年们奋发向上，具有创造性的本性。

在消费主义再次主导日常生活、城乡关系再次倾斜的当代语境下，重新观照这段历史，重提生产和劳动的重要性，重新搭建劳动与社会主义之间的关系，又具有了新的时代意涵和理论价值。

（二）在陈永贵的故事中发现社会主义的治理经验

近年来，国家不断强调"推进国家治理体系和治理能力现代化"，尤其是注重总结和探索中国特色社会主义的社会治理经验。② 这也是对福柯的一个遥远的回应，"社会主义所缺少的不是一套国家理由，而是一个治理理由"，在他看来，社会主义只是在借鉴自由主义的治理技术的基础上，进行内部的"嫁接""平衡"和"缓和"，"并不存在自主的社会主义治理术，不存在社会主义的治理合理性"③。

朱羽发掘出陈永贵 1966 年发表于《人民日报》的一篇文章，认为其或许可以提供重释治理理性问题的线索。④ 在陈永贵

---

① 雷锋：《雷锋日记》（1962 年 4 月 4 日），发表于《中国青年》1963 年第 5、6 期合刊。
② 魏礼群：《坚定走中国特色社会主义社会治理之路》，《求是》2018 年第 6 期。
③ [法]福柯：《生命政治的诞生：法兰西学院演讲系列，1978—1979》，莫伟民、赵伟译，上海人民出版社 2011 年版，第 76 页。
④ 朱羽：《社会主义与自然：1950—1960 年代中国美学论争与文艺实践研究》，北京大学出版社 2019 年版，第 433 页。

讲述的故事中，他提出社会主义实践无法截然分开"思想觉悟"与"管理制度"，"说他是制度、办法吧，我说是，又不完全是。它有一套计酬的办法，但是当中也包含了不少政治思想工作"①。在这里，意识形态和制度理性在辩证中实现了统一，这种基于辩证法的治理理念为中国特色社会主义治理经验的总结打开了新的空间。"（福柯）所谓社会主义缺乏自主的治理理性，既是一个事实陈述，但同时也是一种价值判断。社会主义实践并不希望治理及其理性的自主化，而是期待更高的、自为的总体性。"②

对这一问题的探讨还在继续，中国新闻传播史研究的学者们理应参与这一讨论，不仅应开凿出更多的故事和史料，而且应与西方理论家展开对话，彰显理论自信与学科主体性。

"如将不尽，与古为新"。某种程度上说，这也是还原一种历史研究的本来面目，即以史为鉴、面向未来。在各种各样、层出不穷的理论、范式和主义中，年轻的研究者们似乎有所迷失，遗忘了历史研究这一最朴素、最基本的要求，而陷于发掘边边角角、不痛不痒的新史料，或者是玩弄、引介一些新鲜的概念。

今天提出这一新的研究视角，首先是现实的要求，中国经济社会转型升级和体制改革均进入到一个新的阶段，面临诸多新的困难，在没有国外经验可以照搬的情况下，只能更多地转向历史，从历史中汲取面向未来的智慧。其次是研究的需要，在新闻

---

① 陈永贵：《毛泽东思想统帅一切　突出政治的生动一课——陈永贵谈大寨大队在劳动管理中坚持社会主义方向的经验》，《人民日报》1966年3月22日第1版。
② 朱羽：《社会主义与自然：1950—1960年代中国美学论争与文艺实践研究》，北京大学出版社2019年版，第436页。

史的研究中，一方面，理论上畏惧"功能"，另一方面，实践中却无法绕开"功能"，这最终导致理论与实践之间的张力越来越大。秉持"与古为新"的观念，则可以帮助中国新闻史研究更好地解放思想，再出发。

第三章 群众新闻路线

新闻学研究的再出发,要求我们重返20世纪中国共产党的新闻实践,尤其是乡村与基层的新闻实践,从中总结和提炼中国特色新闻学的理论。新闻史研究的再出发要求研究者们不再站在历史的高地或尽头去评价、研判历史,不再将历史作为研究对象,而是将历史视作先人为解决彼时问题而进行的实践探索,并与之展开对话关系,共同探索当下乃至未来社会问题的解决方案,是一种对未来的考古。

基于如上两点,一种新的研究思路呼之欲出。本书提出群众新闻路线,首先,与中国新闻史和新闻理论家们所倡导的在群众路线的指引下开展新闻活动的思路一脉相承,如政治家办报、坚持深入基层、坚持为人民服务,发展工农通讯员,开展基层读报组、黑板报活动,等等。其次,在全民记者、全民直播和全民短视频的新时代,专业的新闻机构和生产模式受到冲击,如何确保新时代的新闻生产和传播坚持人民路线,而不至于被平台资本主义所主导?群众新闻路线具有一定的解释力。最后,群众新闻路线还可与西方以新闻专业主义为主要标志的新闻理论展开对话。或如李海波所说,西方特别是美国新闻业及其所依托的新闻专业主义理论长期以来一直是我们业界实践和学术思考的重要参照，甚至是理想化的"乌托邦"，但是当下这个参照系自身却陷入严峻危机。① 在这种情况下，不对西方传统新闻理论及新闻专业主义的本质进行反思，并努力超越"专业"的边界，去建立起一种新的行业范式，其实也是一种"内卷化"的体现。②

那么，如何理解群众新闻路线？

第一节 理论基础：马克思主义劳动观③

首先，我们跳出新闻的生产与传播，从更为本质的劳动概念出发，来讨论群众新闻路线理论上的必要性和可行性。

近代以来，随着社会分工越发明细，专业化程度成为判断社会进步和个体能力的标准之一。由此带来的结果是，一方面，专业主义成为"无法辩驳"的"正确"而"普适"的意识形态；另一方面，不同生产方式的主体——偏向于体力劳动的主体与偏向脑力劳动的主体之间关系日益疏离，社会的可沟通性降低。我们有必要对这一套的发展路径进行反思，因为这一整套的观念是建立在马克思所批判的异化劳动的基础之上的。

第一，劳动必须融入并统一生产生活。

孙晓忠在研究改造说书人时提出，延安新说书的空间已经转移到农人的炕头、集体耕作的田头、集市庙会和交易生产资料的

---

① 李海波：《业余路线：延安时期新闻大众化运动研究》，博士学位论文，清华大学，2018年，第13页。
② 石谷岩、常江：《作为话语的新闻专业主义：基于历史和逻辑的考量》，《华夏文化论坛》2019年第1期。
③ 本节主要参考沙垚《劳动作为联结——基于中国社会主义初期乡村文化传播实践的研究》，《新闻界》2019年第7期。

"骡马大会"……重要的是，在新说书活动中，农村的娱乐、生产劳动、现实生活统一起来了。① 事实上，在农村和基层的很多场合，"很难想象存在一种劳动与休息的截然区分……因为他的'劳动'中就包含了他全部的伦理生活，而不是一种纯粹的经济行为"②。比如剥玉米，很多妇女坐在一起，手里在劳动，嘴上在聊天；比如小卖部，生活、生意、生产也是统一的。劳动是一种生活方式，嵌入在人的整体生活世界之中。

这一点在新中国初期的乡村文化实践中十分常见。比如人民公社时期，农民艺人潘京乐一边在生产队劳动，一边在劳动间歇吹拉弹唱、说快板、唱碗碗腔，帮助其他农民消解劳动的疲劳，他自己也获得了表达的快乐和满足，半个世纪之后回忆往事，他对一位摄影师说："那段时间是我一辈子中最畅快的"③。春节期间的文艺活动，华县皮影艺人刘华回忆："排练大戏《游龟山》《四贤车》《铡美案》，多得很，是（19）56、57年的时候，都是年轻人，躲在窑洞里排的。《游龟山》，我演的是一个花花公子。"④ 皮影艺人刘正娃回忆："那个时候（1962年），我们成天排戏，夜里常常弄到一两点，有意思得很，早上还早早地就起来了。"⑤

在这里，戏曲的内容生产、程式设计是一种脑力劳动，但演出和传播的行为却是体力的，尤其是其传播者以及观众都是农

---

① 孙晓忠：《改造说书人——1944年延安乡村文化的当代意义》，《文学评论》2008年第3期。
② 林凌：《"抒情"作为"史诗"的完成——关于汪曾祺小说创作的一种解释》，《南方文坛》2013年第5期。
③ 张韬：《华县皮影档案》，上海文化出版社2012年版，第92—93页。
④ 沙垚：《吾土吾民：农民的文化表达与主体性》，中国社会科学出版社2021年版，第63页。
⑤ 沙垚：《吾土吾民：农民的文化表达与主体性》，中国社会科学出版社2021年版，第96页。

民，是以体力劳动为主要生产方式的人群。因此，这里我们可以看到脑力劳动与体力劳动在同一群体身上的实践统一。这种"统一"来自意义召唤，诚如傅瑾所说："将艺人们从那种只知道通过演戏挣钱度日的'麻木'状态中'唤醒'，让他们感觉到在新社会所肩负着的无比光荣的责任。"① 借此，农民在实践中逐渐意识到自己是农村社会和文化的主体。只有在这种情况下，劳动人民才有可能"用他自己熟悉的方法把自己的劳动变成了舞蹈"②，变成艺术，进行传播。

威廉斯《乡村与城市》一书中转引的乔治·吉辛的《新世界》却描述了另外一番场景：

"现在是人们工作结束的时间。克拉肯韦尔的大路小道上挤满了从一天的苦工中暂时解放出来的人们，男女老少都有。他们从工厂和作坊里涌出，急切地想要最大程度地利用好这几个小时，因为只有在这段时间之内他们才是为自己而活的。……大部分人已经离开往各自的牲口棚里走了。"③

这里所谓"为自己而活"，对于大多数人来说，是去酒馆等娱乐场所消费。这是一种讽刺，也是一种反思，直到当代依然有着某种现实意义。在这里劳动、工作是毫无意义的，只有下班之后的生活才有意义。如果劳动的过程是艰苦的、强制的、被剥削的，是不快乐的，而劳动之后的消费是快乐的、放松的、自由的。那么，劳动者必然会抵抗劳动，以及由劳动建立起来的一整套实

---

① 傅瑾：《新中国戏剧史：1949—2000》，湖南美术出版社2002年版第4页。
② 张非、汪洋：《〈穷人乐〉的创作及其演出》，载张非《偏套集——张非诗文辑录》，三乐堂编印2008年版，第17页。
③ [英]雷蒙·威廉斯：《乡村与城市》，韩子满、刘戈、徐珊珊译，商务印书馆2013年版，第303页。

践制度。而消费成为劳动的目的，资本主义的意识形态自然也就贯穿其中。这时候，劳动不仅没有了改造作用，也不会成为一种生活方式，甚至连合法性都没有了。这里反思与否定的不是劳动本身，而是异化的劳动。

马克思在《1844年经济学哲学手稿》中写道：

"工人在劳动中不是肯定自己，而是否定自己，不是感到幸福，而是感到不幸，不是自由地发挥自己的体力和智力，而是使自己的肉体受折磨、精神遭摧残。因此，工人只有在劳动之外才感到自在，而在劳动中则感到不自在。"①

因此，马克思将这种劳动称为异化的劳动，劳动本身不能产生快乐，仅仅作为实现劳动之外的其他目的的一种手段。其后果是，人们会像"逃避瘟疫"一样逃避劳动，相反，人们会像拥抱亲人一样拥抱劳动之余的消费。

回看新中国成立初期乡村的文化实践，全世界都在资本主义生产关系的道路上狂飙猛进，但中国乡村却独辟蹊径，建立了一种中国特色的总体性的劳动关系，实现了知识分子和劳动人民、脑力劳动和体力劳动的统一。"上午打猎，下午捕鱼，傍晚从事畜牧，晚饭后从事批判。"② 在马克思看来，没有被异化的劳动，应该是可以在同一个人身上、在同一天的时间内实现打猎、捕鱼和从事批判的统一，因为人的身份是多重的、合而为一的。换言之，劳动不仅可以融入生产生活，而且可以统一生产生活。

本书所倡导的群众新闻路线便是这样一种劳动，它不是一种

---

① ［德］马克思：《1844年经济学哲学手稿》，中共中央马克思恩格斯列宁斯大林著作编译局译，人民出版社2000年版，第54—55页。
② ［德］马克思、［德］恩格斯：《马克思恩格斯选集》（第1卷），中共中央编译局译，人民出版社1995年版，第85页。

单一的生产性行为，也不是单一的消费性行为，它打破了专业主义分工的区隔，将生产、生活和娱乐统一于实践，新闻将融入生产生活的方方面面；并且其劳动主体，既是生产者，也是传播者，还是消费者，不同的身份可以在同一个人身上实现统一。

第二，知识分子与劳动人民的鱼水深情。

马克思在《1844年经济学哲学手稿》中，认为人的本质属性是自由的劳动……自由劳动的人是自己和被自己创造出来的世界的主人。但是，在资本主义私有制度下，真正的劳动者却只能生产劳动产品以及非人的劳动者，不再是自由的劳动者，因此劳动被异化，人和社会关系也被异化。① 换言之，"如果这个世界是劳动创造的，但是创造者却不能享受劳动的成果……那么，劳动的意义何在？"② 因此，以马克思主义为指导思想的中国社会主义道路就必须恢复劳动与世界之间的创造关系，改造异化的劳动关系。简言之，即承认劳动者的主体地位。自延安"改造二流子运动"③ 以来，劳动便作为一种改造方式而存在，"不劳动不得食"，只有让那些"寄生虫""剥削者"真切体验到劳动过程的艰辛，以及劳动之后的获得感，他们才可能对劳动产生认同，尊重劳动者。

基于这样的逻辑和实践，毛泽东《在延安文艺座谈会上的讲话》中更进一步，将劳动上升为一种文化和美学。他说"最干净的还是工人农民，尽管他们手是黑的，脚上有牛屎"④。这里蕴藏

---

① [德]马克思：《1844年经济学哲学手稿》，中共中央马克思恩格斯列宁斯大林著作编译局译，人民出版社2000年版，第54—55页。
② 蔡翔：《〈地板〉：政治辩论和法令的"情理"化——劳动或者劳动乌托邦的叙述（之一）》，《文艺理论与批评》2009年第5期。
③ 朱鸿召：《延安：日常生活中的历史》，广西师范大学出版社2007年版，第57—65页。
④ 毛泽东：《在延安文艺座谈会上的讲话》，《毛泽东选集》（第3卷），人民出版社1991年版，第808页。

着深刻的新文化标准:"劳动者因为劳作而外表不整洁的形象获得颠覆性的正面意义",劳动人民"在获得文化权力的同时依然保持了劳动阶层的身份,而且正是凭借'劳动'获得了文化权力。"① 他们可以进入新政权成为干部,他们的劳动生活也可以变成文艺作品。由此,他们也获得了改造小资产阶级和知识分子的文化合法性。脑力劳动者的"知识""文化""价值"等都要经过劳动的改造和重建,才能符合马克思主义思想和社会主义新文化的要求,才能锻造新的人民文化。

劳动改造知识分子,是新中国初期的主题。卢燕娟认为它是通过两个步骤来完成的,第一步,"将他们所从事的工作命名为脑力劳动,使他们同样获得劳动者身份";第二步,"让他们通过参加体力劳动改造自己的思想观念"②。所以在"十七年"期间,我们看到一批又一批的文艺工作者下乡演出,不仅自己挑行李,自己搭舞台,而且积极参加农村体力劳动,割草、挑水、送粪等等;与此同时,他们与农民群众深入互动,了解农村的风俗习惯和先进事迹,加班加点排练成小节目,演给农民看。这种体脑结合的工作路线赢得了农民群众的认可,老乡们像接待亲人一样接待文艺工作者,甚至有的老乡让他们住自己新婚的房子。演出的效果也很好,老百姓认为这些节目"比开会、听报告还解决问题"③。

这是毛泽东所要求的劳动人民知识化,知识分子劳动化的生动实践。知识分子的"创作情感和立场前所未有地接近劳动人

---

① 卢燕娟:《人民文艺再研究》,文化艺术出版社2015年版,第63页。
② 卢燕娟:《人民文艺再研究》,文化艺术出版社2015年版,第69页。
③ 沙垚:《吾土吾民:农民的文化表达与主体性》,中国社会科学出版社2017年版,第94页。

民；劳动人民获得创作、鉴赏和批评文艺作品的能力和权力"①。这里不仅包含着对知识分子的改造，还有一种"生产者共和论"（producer republican）②的意味，脑力劳动者和体力劳动者之间呈现出一种休戚与共、彼此分享的社会意识。一方面，文艺工作者以和农民一起劳动的方式自我改造，从而改变了身上的知识精英和城市娇惯的习气，把和劳动群众打成一片作为社会主义的审美；另一方面，农民也接受了改造，他们开始对自己的日常生活、历史、情感、价值等进行了反思，找到了文化自信，而反思，是一种脑力劳动，也是一种文化主体性的表征。农民讲述自己的生产、生活、历史、风俗、情感、价值等，文艺工作者对其进行加工和改编，形成演出文本。这是一个知识分子和农民群众相互改造，共同劳动的过程，农村舞台上演的节目可以视为是文艺工作者和农民一起完成的"劳动成果"，是一种"合作性劳动"。

这种合作性劳动在当代依然具有意义，当代中国脑力劳动者与体力劳动者的区隔日益严重，比如脑力劳动者常去的活动空间，如小资气息的咖啡馆，以"私房"冠名的茶舍、餐厅、小剧场，务工人员是不会去的，反之亦然。但是从工资收入上看，很大一部分所谓"白领"与务工人员是齐平的，甚至不少新闻认为，某些农民工收入高于脑力劳动者。因此，汪晖将进城务工人员称为"新工人"，将底层白领雇员称为"新穷人"，他认为正是在新媒体时代，新工人和新穷人两个群体之间却"难以产生真正的社会团结和政治互动，从而也无从通过团结或

---

① 卢燕娟：《人民文艺再研究》，文化艺术出版社2015年版，第71页。
② ［美］丹·席勒：《传播理论史：回归劳动》，冯建三、罗世宏译，北京大学出版社2012年版，第7页。

互动产生新的政治"①。吊诡的是，公交车、地铁，以及每年春节的返乡大潮中，这两类人却又常常是挤在一起的。当共同处于挤压型社会结构之中的时候，他们是否有可能重新联结？

本书所倡导的群众新闻路线便是这样一种合作性劳动，要求新闻工作必须由脑力劳动者和体力劳动者合作完成，在脑力劳动者与体力劳动者之间探寻一种沟通机制和实践机制。换言之，新闻不是记者、编辑的专有工作，群众要成为新闻的直接生产者和传播者。群众参与新闻工作，不仅对知识分子有意义，能帮助其打破内卷化状态；而且对劳动人民也有意义，有助于其提升媒介素养。

第三，超越劳资关系的总体性劳动观。

自19世纪起，有关知识劳动与体力劳动相统一的讨论从未停息。比如葛兰西著名的言论"任何的体能工作，即便是最为低等也最为机械式的工作中，都存在最低限度的……创造性的知识活动"②。席勒综述文献时提出，在葛兰西有此认识的45年前，机械工休伯特（Baptist Hubert）就提出"没有人可以弃置自己的身体于不顾。他的身体必然与他的脑袋共进共出"。休伯特发表此番言论的背景与意图在于将"知识人"惯有的敌意中性化，因为他们常常对非技术劳动者表示轻蔑。③

但是事实上，近两百年来，脑力劳动与体力劳动在实践中却是分隔越来越大，一方面知识分子成为专门的职业，知识的专业性得到越来越多的强调，比如新闻专业主义；另一方面，体力劳

---

① 汪晖：《两种新穷人及其未来——阶级政治的衰落、再形成与新穷人的尊严政治》，《开放时代》2014年第6期。

② Antonio Gramsci, "Selections from the Prison Notebooks of Antonio Gramsci. eds. and trans", *By Quintin Hoare and Geoffrey Nowell Smith*, New York: Lawrence & Wishart, 1971: 8.

③ [美] 丹·席勒：《传播理论史：回归劳动》，冯建三、罗世宏译，北京大学出版社2012年版，第7页。

动重新沦为社会底层,成为贫穷和愚昧的代名词,比如被媒介污名化的农民工。葛兰西等人的想象被称为"劳动的乌托邦"。脑体不能分离,这在物理事实与哲学逻辑上都是一个显而易见的结论。但是,为什么在社会和历史的实践中,两者却很难统一,甚至渐行渐远,并且还在这种异化的基础上建立了现代社会的种种结构?带着这个问题去重新看待20世纪中国共产党领导的乡村新闻/文化/传播实践,则会看到不一样的风景,是什么样的机制和文化让其成为可能,这是本书要探讨的问题,或许也对今天处理数字时代的社会分隔与异化有着某种启发意义。

在本书中,我试图提出一种超越劳资关系的总体性劳动观。这是受到威廉斯的启发,他提出"总体性的概念……作为一种批判武器,用以对抗日益占主导地位的资本主义经济活动"①。因为当代的劳动生产,也包括新闻生产,基本上都是置于"劳动—报酬"的关系之下的。社会分工及资本主义发展带来的社会秩序和人类价值的建构方式是工资关系(或雇佣关系),即用工资作为尺度来衡量一切劳动的价值。从马克思对异化劳动的批判出发,便是要寻找一种超越雇佣关系的劳动联结方式。丹·席勒认为,工资关系只是劳动体系的一种存在方式,而劳动体系是与资本主义并存的范畴,工资关系不能决定整个劳动体系,也不具有任何先验性、优先性和普遍性,因为同时还存在许多其他的关系类型,比如家务劳动、农民生产、手工作坊等,所有这些劳动类型共同决定了劳动体系。② 简言之,要超越异化的资本主义的劳动

---

① Raymond Williams, *Literature and Sociology: In memory of Lucien Goldmann*, New Left Review, 1971: 67.
② [美]丹·席勒:《传播理论史:回归劳动》,冯建三、罗世宏译,北京大学出版社2012年版,第230页。

关系，就必须要强调总体性的劳动观，只有这样，才能把"经济关系的重要性边缘化"①。换言之，总体性的劳动观不是不要工资关系，而是不能由工资关系来主导全部的劳动活动，劳动的意义也不能简单地用报酬/工资来等价衡量。在劳资关系之外，人类社会应该存在，事实上也存在很多其他的劳动关系。席勒进一步认为，"一个包容、整合的劳动概念可指向一个更有希望的方向"②。

在中国的社会主义实践中，我们却看到了两种统一，统一于总体性的劳动，以及由此带来的蒸蒸日上的社会主义建设的时代气象。爱劳动成为人民一种新的道德观念乃至美德。劳动离不开人民，劳动可以确保人民的主体地位，而人民又是劳动的道德来源。③ 曾经的劳动，以及依托劳动建立的社会制度是整体性的，整个社会、各个阶层都有所参与，而不是数字时代劳工们通过各种媒介方式进行的"另类"（alternative）的权益表达与社会运动。

中国特色新闻学守正创新，马克思主义的劳动理论，中国共产党的实践探索，都是不可背弃的理论与实践资源。本书提出的群众新闻路线，便是在结合两者的基础上开展的理论建设和实践探索。

第二节　实践基础：坚持群众路线

首先，我们跳出新闻的生产与传播，从更为根本的群众路线

---

① J. W. Carey, "Communication and Economics", In Robert E. Babe, ed., *Information and Communication in Economics*, Kluwer Academic Publishers, 1994, p. 329.
② [美] 丹·席勒：《传播理论史：回归劳动》，冯建三、罗世宏译，北京大学出版社 2012 年版，第 226 页。
③ 罗岗：《人民至上》，上海人民出版社 2012 年版，第 125 页。

出发，来讨论群众新闻路线实践上的必要性和可行性。

诸多研究者将群众路线表述为"我们党的根本工作路线"①，"党的生命线"②，"党的根本路线"③ 等等。可见群众路线之于中国共产党的重要性。讨论中国特色新闻学的路线问题，绕不开群众路线。林爱珺和何艳明提出，"中国共产党……新闻舆论工作一直依靠人民走群众路线"④。黄平认为破解当前意识形态和新闻事业发展危机的根本之道是诉诸群众，延安道路、中国道路的本质内涵是群众路线，无论工作方法还是思想、政治和组织原则，无不如此。⑤ 可以说，中国特色新闻学最大的特色，便在于坚持群众路线，并以此作为全部新闻工作的基本遵循。

"群众路线"是中国共产党成立以来反复强调的话语框架和分析路径，由于"群众身上具有一种自发的社会主义倾向"⑥，"它所蕴含的历史思想资源及其体现出的观念对于实践的指导性，一直延续到乡村振兴和传统文化复兴等当下政策与实践"⑦。因此在本书中，我们也有必要对群众路线的历史内涵和发展逻辑进行简单的梳理。

1922年中共二大提出"党的一切运动都必须深入到广大的群

---

① 彭琳：《从百年党史感悟党的群众路线》，《红旗文稿》2021年第8期。
② 刘红凛：《党的群众路线的理论逻辑与革命时期的实践经验》，《江西社会科学》2021年第5期。
③ 许全兴：《群众路线是党的根本路线》，《毛泽东邓小平理论研究》2020年第12期。
④ 林爱珺、何艳明：《"群众路线"在新闻舆论工作中的历史逻辑与内涵发展》，《学术研究》2021年第4期。
⑤ 黄平观点。载本刊编辑部《重建社会核心价值观共识——中国媒体现状检讨（二）》，《经济导刊》2014年第6期。
⑥ 蔡翔：《革命/叙述：中国社会主义文学—文化想象（1949—1966）》，北京大学出版社2018年版，第18页。
⑦ 梁君健：《"群众文化"：乡村振兴的历史资源与当下价值》，《江淮论坛》2018年第6期。

众里面去"①，将群众工作定义为党的运动的根本所在。1929年周恩来在《中央给红四军前委的指示信》中，第一次把"群众""路线化"，并完整提出"群众路线"概念，明确要求红军筹款工作、没收地主豪绅财产、解决给养及需用品等问题，都要"经过群众路线"②。1943年，毛泽东《关于领导方法的若干问题》一文指出"在我党的一切实际工作中，凡属正确的领导，必须是从群众中来，到群众中去……这就是马克思主义的认识论"③。此后，"从群众中来，到群众中去"，成为群众路线的基本工作方法。1945年的《七大党章》特别强调党的群众路线，认为群众路线是党在长期革命斗争中把马克思主义唯物史观运用于党的实际工作中，创造形成的科学的工作方法和优良传统，是党"根本的政治路线"和"根本的组织路线"。④ 1981年《关于新中国以来党的若干历史问题的决议》中，群众路线被概括为毛泽东思想的三个关键词之一，"群众路线，就是一切为了群众，一切依靠群众，从群众中来，到群众中去"⑤。2013年以来，习近平将群众路线发展为"以人民为中心"的思想，并定义为"新时代坚持和发展中国特色社会主义的根本立场"⑥。

具体到新闻工作领域，值得一提的是，1948年4月2日，毛泽东在《对晋绥日报编辑人员的谈话》中，第一次正式明确提出

---

① 中共中央文献研究室、中央档案馆：《建党以来重要文献选编（1921—1949）》第1册，中央文献出版社2011年版，第162页。
② 赵中源：《党的群众路线的百年演进逻辑与基本向度》，《求索》2021年第4期。
③ 毛泽东：《毛泽东选集（第3卷）》，人民出版社1991年版，第899页。
④ 中共中央文献研究室、中央档案馆：《建党以来重要文献选编（1921—1949）》第1册，中央文献出版社2011年版，第197页。
⑤ 中共中央文献研究室：《十一届三中全会以来党的历次全国代表大会中央全会重要文件选编（上）》，中央文献出版社1997年版，第204页。
⑥ 中共中央宣传部：《习近平新时代中国特色社会主义思想三十讲》，学习出版社2018年版，第85页。

新闻舆论工作要讲群众路线，阐述了在新闻舆论工作中实行群众路线的做法。① 2003年中共中央政治局会议讨论《关于进一步改进会议和领导同志活动新闻报道的意见》提出"三贴近"原则，要求新闻单位"多报道对工作有指导意义、群众关心的内容，力求准确、鲜明、生动，努力使新闻报道贴近实际、贴近群众、贴近生活"②。2011年，为推动新闻工作者切实将群众观点、群众路线体现在新闻宣传实践中，促进新闻单位深入基层、深入群众进一步制度化、常态化，中共中央宣传部联合中央外宣办、国家广电总局、新闻出版总署、中国记协等五部门联合下发《关于在新闻战线广泛深入开展"走基层、转作风、改文风"活动的意见》，要求各新闻单位建立基层联系点，组织编辑记者广泛开展蹲点调研活动，认真调查研究群众生产生活的新情况新变化……把笔触、话筒和镜头对准普通百姓，把版面和时段多给基层群众。③新时代以来，习近平总书记在多个场合反复强调党的文化宣传与新闻传播工作要坚持群众路线，以人民为中心。比如2013年在全国宣传思想工作会议上强调，宣传思想工作要"树立以人民为中心的工作导向"④；2014年在文艺工作座谈会上强调文艺工作者要"坚持以人民为中心的创作导向"⑤；2016年在党的新闻舆论工作座谈会上强调新闻舆论工作要"坚持以人民为中心的工作导向"，不断解决好"为了谁、依靠谁、我是谁"这个根本问题；2016年

---

① 林爱珺、何艳明：《"群众路线"在新闻舆论工作中的历史逻辑与内涵发展》，《学术研究》2021年第4期。
② 《中共中央政治局召开会议 研究进一步改进会议和领导同志活动新闻报道等工作》，《人民日报》2003年3月29日第1版。
③ 《出版要闻》，《中国出版》2011年第17期。
④ 习近平：《论党的宣传思想工作》，中央文献出版社2020年版，第16页。
⑤ 中共中央宣传部编：《习近平总书记在文艺工作座谈会上的重要讲话学习读本》，学习出版社2015年版，第54页。

在网络安全和信息化工作座谈会上强调"必须贯彻以人民为中心的发展思想"①,要求各级党政机关和领导干部学会通过网络走群众路线,运用媒体宣讲政策主张、了解社情民意、发现矛盾问题、引导社会情绪、动员人民群众。

总之,"群众路线……顺应了不同历史阶段的政治、经济、社会、文化发展的要求,并在不同的历史阶段不断完善和升华,奠定了新闻事业的基础。"②"群众路线……是马克思主义新闻观的价值内涵与灵魂"③。"在中国新闻实践和新闻学术研究中践行群众路线,必须以马克思主义群众观和中国共产党群众路线为基础"④。

2019年,中国共产党第十九届四中全会通过的《中共中央关于坚持和完善中国特色社会主义制度推进国家治理体系和治理能力现代化若干重大问题的决定》指出"贯彻党的群众路线,完善党员、干部联系群众制度,创新互联网时代群众工作机制,始终做到为了群众、相信群众、依靠群众、引领群众、深入群众、深入基层"。张雪梅提出这是"第一次将群众路线纳入党的领导制度体系进行制度安排",是对群众路线的一种创新,并认为"中国共产党对群众路线价值的认识经历了从工作方法到治国理政价值的四次提升"⑤。换言之,第十九届四中全会提示我们,当下群众路线需要和治国理政、社会治理、国家治理体系和治理能力现

---

① 习近平:《在网络安全和信息化工作座谈会上的讲话》,人民出版社2016年版,第5页。
② 林爱珺、何艳明:《"群众路线"在新闻舆论工作中的历史逻辑与内涵发展》,《学术研究》2021年第4期。
③ 李彬:《再塑新闻魂:浅谈马克思主义新闻观及其科学与价值》,《新闻记者》2016年第6期。
④ 宫京成、李彬:《群众路线:重塑马克思主义新闻观的灵魂》,《新闻与写作》2018年第9期。
⑤ 张雪梅:《中国共产党创新群众路线的百年进程与经验》,《上海交通大学学报》(哲学社会科学版)2021年第1期。

代化等若干重大问题发生关联,并在其中发挥重要作用。

事实上,这一视角在新闻研究领域并不新鲜。李海波和虞鑫在对延安新闻传统中的"新型记者"进行学理性研究时提出,"党报被定义为群众路线中政党与群众交往互动的桥梁纽带,新闻工作也溢出技术专业的界限,成为先锋队教育、动员和组织群众的有效中介,从而与解放政治的历史进程深度关联起来"①。这里通过动员、组织、中介等表述将新闻实践、社会治理、群众路线有机地结合在了一起。而这正是本书着力的重点,即一方面在历史范畴内延续作为工作原则/方法的群众路线,另一方面引入社会治理/治国理政的视角提升群众路线在新闻实践乃至整体性的社会实践中的价值。

一方面,"群众文化"可以对接历史,承袭中国共产党的道统和政权的基础,社会主义文化必须是以人民为主体的文化;另一方面,"群众文化"指向当代轰轰烈烈的基层文艺实践,人民群众通过戏曲、广场舞、乡村春晚等形式,参与社区文化生活和公共事务,以文化的方式应对乡村在急剧变迁的现代社会所面临的种种风险与挑战。这里,不仅可以发现历史与当代实践的勾连,而且理论与实践的有机关系也得以重建。因此,群众文化活动的分析框架不仅对中国乡村文化实践具有更大的解释力,而且对乡村振兴战略下促进乡村政治经济和社会文化一体化发展有引领意义。或如赵月枝和吴畅畅所说,我们不能"自觉或不自觉地将自己置身于中国革命现代性及其历史发展的轨迹之外,并以一种隔岸观火的方式"② 来

---

① 李海波、虞鑫:《"新型记者":重访群众路线的一段历史现场》,《新闻与传播评论》2019 年第 1 期。
② 赵月枝、吴畅畅:《网络时代社会主义文化领导权的重建?——国家、知识分子与工人阶级政治传播》,《开放时代》2016 年第 1 期。

考察中国基层的新闻传播实践。

群众路线对中国特色新闻学的要求，一是关注群众主体。比如在乡村，乡村是谁的乡村，新闻是谁的新闻，为谁传播？答案都是农民。农民既是乡村的主体，又是新闻传播的主体。这里涉及马克思主义"谁是历史主体"的基本问题，也涉及习近平"以人民为中心"的基本观念。中国共产党在乡村的新闻实践，可以提供一种立足于经验与思索的人民史观。二是关注内生动力。乡村发展必须激活内生动力，否则一切文化与新闻传播实践都会因水土不服、地基不牢而凌空虚蹈。内生动力与活力之来源在于：第一，农民日常的生产生活实践；第二，新闻传播形式与社会结构有机互动；第三，农村的传统文化，既包括历史文化、风俗习惯，也包括社会主义的文化传统，因为半个多世纪以来，社会主义文化已经内化成民间传统不可或缺的一部分。三是注重历史的延续性。新闻传播学常常将延安时期以来的历史实践归入新闻史，而当代新闻理论主要来自西方，两者之间呈现断裂态势。但"历史是一个不断的过程"[①]，20世纪的历史不容割裂，无论是习近平总书记的系列重要讲话，还是十九大报告，都要求中国特色新闻学重新思考传统文化、革命文化和当代文化之间的历史传承关系，把历史和现实重新紧密结合，论从史出，进而提炼出具有中国特色、中国气派、中国风格的新闻思想。

第三节 对话与借鉴

上述两节主要从马克思主义劳动理论和中国共产党群众路线

[①] 行龙：《集体化：中国社会变迁中一个不可忘却的时代》，行龙主编：《回望集体化：山西农村社会研究》，商务印书馆2014年版，第24页。

两个层面讨论了群众新闻路线的理论、实践与历史基础。但仅仅如此是不够的,群众新闻路线还必须在中西方理论对话的基础上,引入经验研究的方法,进而推动中国特色新闻学理论的延展与创新。

首先,对话新闻专业主义。当代中国,标榜专业、客观、中立的新闻专业主义开始被广泛质疑,有研究者认为"新闻专业主义是一种媒体企业经营管理的理念与方式,但为了掩盖其高度功利性的实际功能,它通常被标榜为新闻业的职业操守和最高信仰"①。郑保卫和李玉洁提醒我们"新闻专业主义观念所具有的理想主义色彩让人忽视了职业观念背后的政治经济力量对其所进行的操控和限制,也忽视了新闻机构作为美国社会中一个重要的政治—经济机构的运作过程"②,"一方面它可以尽量减少报道所造成的社会风险和市场风险,尽最大可能不得罪复杂的政治势力和财大气粗的广告主;而另一方面,它又可以约束新闻从业者的个体行为,增加其专业认同度,加强自律与自我审查,使之便于管理"③。因此,吴飞和龙强提出,从严格意义上说,新闻专业主义不过是媒体精英社群的标准和理想,与普罗大众之间还存在脱节甚至是分裂,是媒体精英建构的乌托邦。④ 在这个意义上,我们有理由反思,专业主义的发展路径是不是新闻发展的唯一路径,是否存在另外的可能性?是否存在一种替代性的新闻生产与实践

---

① 胡翼青、汪睿:《新闻专业主义批判:一种传播政治经济学的视角》,《现代传播》2013年第10期。

② 郑保卫、李玉洁:《美国新闻专业主义观念发展史的评述与反思》,《新闻与传播研究》2013年第8期。

③ 胡翼青、汪睿:《新闻专业主义批判:一种传播政治经济学的视角》,《现代传播》2013年第10期。

④ 吴飞、龙强:《新闻专业主义是媒体精英建构的乌托邦》,《新闻与传播研究》2017年第9期。

的方案或途径呢？借用阿兰·巴迪欧（Alain Badiou）的说法，这个媒体世界的最大问题是不能想象另外一个世界，"不能想象这个世界之外的世界"①。而中国共产党领导的基层新闻实践，可以为我们打开未来新闻传播的新的想象。

关于社会分工与专业化，威廉斯早就有论述和批判，他认为，随着社会发展越来越高度专业化，某些专业或技术就会产生特权，社会的组织形态也变得复杂，因此，他号召社会主义知识分子要去讨论"如何在日益增强的专业化和真正的共同文化之间找到契合点"。② 近年来，李海波通过研究延安时期新闻大众化运动，提出新闻实践的"业余路线"，他认为延安时期或许可以构成一个他者，一种进行批判性思考的历史资源。③ 沙垚和赵月枝沿着群众文化的线索，研究了缙云县农村舞剧团的传播实践，再次强调了业余性原则。④ 在本书中，我们将通过对新中国成立初期农村读报组活动的研究，再次强调新闻活动的业余性原则，业余性在某种程度上或许可以重启当代社会知识分子、白领、中产阶级与工人、农民相联结并进而有机统一的进程，成为一个模糊的中间地带。

在中国基层，乡村新闻实践在尊重新闻事实、新闻真实、客观公正的基础上，探索了一条大众参与、业余主体、融入日常的新闻生产与传播机制。这一机制，不会最大化地追求新闻的经济

---

① 转引自汪晖《别求新声：汪晖访谈录》（第二版），北京大学出版社2010年版，第51页。
② ［英］雷蒙·威廉斯：《文化与社会：1780—1950》，高晓玲译，商务印书馆2018年版，第446页。
③ 李海波：《业余路线：延安时期新闻大众化运动研究》，博士学位论文，清华大学，2018年，第165页。
④ 沙垚、赵月枝：《集体性与业余性：1949年以来浙江省缙云婺剧实践的理论启示》，《杭州师范大学学报》（社会科学版）2020年第2期。

利益，可以保证新闻的政治性和社会性，以及区别于资本主义文化工业的独立性。在理论上，它还挑战了脑力劳动和体力劳动的分野，无论是读报组、黑板报、屋顶广播，还是戏曲等，人都是业余的，不是记者、编辑，也不是演员，他们的主业是农业生产劳动，而且他们识字水平比较有限，常常犯错误，但他们有热情和信念支撑，所以也得到了老百姓的理解和认可。

新中国成立初期，马克思主义作为外来的意识形态，在很短的时间内，抵达中国每一个村庄，成为人心所向和人民认可的政治信仰；中国的乡村青年吃着窝窝头，却心系亚非拉，关注国际局势，这种胸怀天下的世界主义格局，都有赖于乡村在地化的新闻传播机制。在社会主义的中国，新闻不是一种职业，而是一种群众工作、集体组织与社会治理的方式。党的十九大以来，尤其是 2021 年以来，乡村振兴作为国家战略全面推进，总结爬梳半个多世纪以来中国共产党在乡村的新闻传播实践，对引导当下乡村文化建设坚持社会主义道路具有重要意义，使新闻与传播研究不至于被新自由主义和历史虚无主义带偏；同时，其中包含着丰富的本土性探索与经验，诸如农民主体性、文化内生性等原则。在当前市场化、商业化、专业化的新闻传播格局下，这一独具中国特色的基层新闻传播实践经验，应当上升到智库建设和社会治理的高度，为当代文化政治和意识形态建设提供决策参考。

其次，可借鉴或引入历史人类学的方法。我曾在文章中提出"迈向历史的田野"，认为新闻传播学者可以借鉴历史人类学的方法，将历史视为可以"编码/解码"的文本以及可以参与式观察的场域。① 比如周海燕通过民族志的方法研究了集体化时期的乡

---

① 沙垚：《民族志传播研究的问题与反思》，《国际新闻界》2018 年第 6 期。

村读报小组，分析了乡村日常生活中的新闻知识生产、历史记忆与社会控制。①

那么，首先，研究者要关注农村的各类报纸文本、官方文件、档案文献、口述史料、回忆录、传记乃至当时的歌谣、说书、戏剧等，这些都是重要的文献。

其次，相比于传统的新闻史学和新闻理论研究，群众新闻路线应更注重新闻从业者的生命体验、新闻实践与日常生活等维度。口述史是必要的研究方法，一方面，新中国成立初期曾参加过读报组、黑板报、广播员的识字青年如今都已是耄耋老人，需要进行抢救式访谈；当下农民、农民工正在以各种方式进行新闻表达，也需以访谈的方式深入了解他们的想法。另一方面，口述史不仅可以获得内容信息，因为讲述者的陈述是对历史和文本的再生产，可以折射出历史与当下的复杂互动，所以还可以籍此分析研判口述者的表达、情感、记忆等。

再次，研究者还可以进入到被研究对象的生活背景中，在实际参与研究对象的日常生活的过程中进行观察。由于身临其境和长时间的相处，研究者更容易获得他们时空中更多内部的、真实的行为和想法。比如进入到新中国成立初期曾有过轰轰烈烈新闻实践的村庄，去感受半个世纪之后的蛛丝马迹和文化变迁，或者也可以参与到当代群众的实践中去，观察当代农民是如何制造新闻、如何书写新闻的。

最后，将参与观察时感受到的、访谈时听到的和档案中记载的事实相互印证，进而得到更为全面的认识，也能发现其中更为

---

① 周海燕：《意义生产的"圈层共振"：基于建国初期读报小组的研究》，《现代传播》2017年第9期。

丰富的细节。

总之，超越传统的新闻史和新闻理论的研究方法，将新闻理论的生产机制从制度设计转变到日常生活，去关照新闻史档案是如何落地的，从而打开中国特色新闻学理论的新格局。

第四节 群众新闻路线的主要特点[①]

当代新闻理论以客观性、专业性、时效性等为主要特征，但是群众新闻实践却是以生活化、业余性、参与性为主要特征，普通民众广泛、热情、主动地参与新闻实践，将新闻传播融入日常生产生活，用新闻传播改造民间社会。对此，当代新闻理论明显缺乏解释力。如何看待这一理论与实践、历史与当下的学术张力，迫使新闻学者反思当代新闻理论的生成机制、合法性，以及再生产的可能性。基于此，本书提出群众新闻路线，其主要特点如下——

首先，群众参与新闻实践。

其至少包含三层意思。其一，知识分子深入群众开门办报。共产党先从思想上破除新闻工作者的自命不凡，消解编辑部的专业壁垒，使得扎根群众、开门办报成为可能。[②] 自延安时期以来，中国新闻实践便形成了一个优良的传统，即大量受到马克思主义熏陶和教育的知识分子、文艺工作者和记者编辑们，去到工厂、

[①] 本节主要参考沙垚《群众新闻路线：基于中国特色社会主义新闻实践的启示》，《编辑之友》2022 年第 1 期。

[②] 黄旦：《从"不完全党报"到"完全党报"——延安〈解放日报〉改版再审视》，载李金铨主编《文人论政：知识分子与报刊》，广西师范大学出版社 2008 年版，第 250—280 页。

农村等基层单位,和群众打成一片,同时发现问题、总结问题,形成文本,其可以是新闻报道,如地方报纸刊物或黑板报,也可以是文艺作品,如快板、说书等,再到群众中去进行传播,接受群众检验,是否说出了他们的心里话。因此,这可视为群众的一种间接的新闻生产。知识分子反映的是群众的生产生活场景,其新闻生产与传播是从群众的日常实践中提取、加工和再生产的。

这是中国特色新闻传播实践独特而重要的经验,这不仅呼应了上文所论述的融入生产生活的劳动观,而且融洽了知识分子和人民群众的关系,打破了专业壁垒。在群众新闻路线中,记者、编辑等新闻工作者不再是高高在上的知识精英,而是在思想上、情感上、立场上和农民群众打成一片的有机知识分子。

其二,利用群众喜闻乐见的方式传播新闻信息。通过山歌、说书、戏曲、快板、剪纸等传统传播方式,让群众了解时事政治,传播新文化和马克思主义价值观念。[①] 与当代城市的现代媒体不一样,从延安时期至新中国成立初期,在很长一段时间里,基层群众并不是通过文字、图片或视频等现代新闻传播手段,而是通过山歌、说书、戏曲、快板、剪纸等传统媒介形态,了解时事政治,传播新文化和社会主义价值观念。虽然这里的群众是作为被动角色接收新闻,但其媒介方式却是传统的,这也体现了群众新闻路线的要求。事实上,该新闻生产和传播的方式一直延续到今天,虽然其传播新闻信息的能力有所减弱,但依然承担着相当的时代功能,比如通过庙会活动,凝聚人心,抵御农村空心化的现状;或者举办乡村春晚,宣传社会主义核心价值观,进而弥合城

---

① 李海波:《延安新闻文化与中国特色新闻学知识拓新——社会文化史视野下的延安新闻学》,《出版发行研究》2018年第5期。

乡不平衡发展的裂隙。

这就超越了城市中心主义的新闻生产与传播机制。自现代新闻业兴起以来，新闻仿佛与报纸、广播、电视、互联网天然地捆绑在一起。但在乡村，群众更愿意使用植根于乡村文化的舞蹈、民歌、民谣、绘画、戏曲、板报或墙报等传统媒介，它们是那些无法接触到现代媒介或无法在现代媒介上发声的群众的新闻表达和信息传递的重要工具，① 这与外来的、以城市为中心的现代新闻生产与传播机制有着不一样的思维逻辑和文化逻辑，反映了乡村的生活方式、情感结构和价值观念。中国特色新闻学应重视这种扎根于中国实践的独特的新闻表达方式。

其三，农民群众直接利用大众媒介进行新闻传播活动。利用工农通讯员、大众黑板报等制度安排和传播方式，让部分群众作为新闻主体直接参与新闻生产，更直接地向更为广泛的基层群众传播新闻与信息。② 比如工农通讯员制度，工农可以在专业的媒体平台上发表自己的观点，讲述自己身边的人和事。③ 以《盐阜报》和《盐阜大众》报为例，至1945年初，其通讯员已近2000人，工农通讯员有400余人，每月写稿2000多件，在报上刊登的新闻、通讯、文艺作品中，80%—90%都是工农通讯员的来稿。④ 比如黑板报、墙报，一些通讯员、学生和识字青年不仅利用黑板报、屋顶广播对报纸新闻、政治方针政策进行转载和二

---

① 卜卫：《重构性别—媒介研究：从本土妇女媒介使用经验出发》，《中国社会科学报》2012年3月7日第A08版。
② 沙垚：《新时代中国特色新闻学体系建构与乡村实践》，《厦门大学学报》（哲学社会科学版）2019年第2期。
③ 周峰：《新民主主义革命时期中共工农通讯员制度的生成与运作》，《中共党史研究》2017年第1期。
④ 秦加林、陈允豪：《回忆〈盐阜大众〉报》，载盐阜大众报新闻研究室《盐阜地区报史资料》第2辑，第552—553页。

次传播，而且自己采写区、乡、村的新闻信息，在黑板报或油印小报上刊登。①

这些探索打开了群众直接书写新闻的历史，和今天的参与式新闻"公民作为主体参与到新闻活动中"②的要求如出一辙。只是后者随着媒介技术的更新换代，不再是报纸、黑板报，而是媒介融合时代的直播、短视频、微博、微信等。但作为一种新闻生产和传播的方式，却是一以贯之的。简言之，群众新闻路线对当代的启示之一便是群众参与新闻实践，这或许可以成为破解当前新闻事业发展困局的一个重要思路。

事实上，直接利用大众媒介进行新闻传播活动的传统在当代得到了很好的延续，农民、打工者在新媒体的时代继续书写。比如2017年一位农民工范雨素成为新闻热点，她在媒体上讲述打工者的故事，同时还不卑不亢、举重若轻地反省生活，思考社会，记录时代。她对有钱人充满了悲悯，对异化的人性，对暴力和强权，有着强烈的批判；而对流浪者和弱者，她则传递了爱和尊严。

其次，新闻参与社会治理。

其一，凝聚共识，增加社会主义认同。基层新闻要解决的是"最后一公里"的问题，即如何在党委政府和人民群众之间架设一座桥梁，实现信息交流的畅通。习近平总书记要求县级融媒体中心建设要引导好群众、服务好群众。一方面，只有服务好群众了，群众才能认同、聚集，并增加黏性；另一方面，服务群众是为了引导群众，实现与群众的互动。在此基础上才能增强传播力

---

① 李文：《群众办报思想的重要实践基础——黑板报》，《新闻知识》2008年第3期。

② 吴小坤、吴信训：《"参与式新闻"与新闻人才培养》，《新闻记者》2012年第8期。

和舆论引导力,是为新闻参与社会治理。但是,在新中国成立初期,群众并不是天然认同社会主义的一整套价值和理念,如何用新闻开展更为广泛的社会动员,传达党的声音,并凝聚共识,成为基层社会主义的首要任务。

具体来说,除了用娱乐的方式讲新闻,或者是在娱乐的间歇讲新闻,比如唱戏开场之前,播报一段新闻时事,或是广播文艺节目和新闻时事交叉进行,用贴近群众的方式增加村民的认同感。更为重要的是,通过广播、读报、开会等各种新闻传播的形式,引导群众令其目光不再局限于脚下的"一亩三分地",而是开始放眼全国,主动关心国内外的时事政治,把自己的生产工作与社会主义建设联系起来。或如谢觉哉在总结延安经验时所谈到的,将"僻处于政治生活和历史之外"的群众重新纳入"政治生活及历史"之中……关键在于从群众"切身的事的经验"出发,"使他懂得与他切身有关系的大者、远者"。[1]如蔡翔所说,未来"必须转化为一种更加感性并同人民的日常生活息息相关的社会形态……任何一种面向未来的态度,如果完全失去历史的支持,那么乌托邦实现的可能性,常常会因此逊色"[2]。在这里,群众的自身经验、切身利益和大者、远者的共产主义理想放到了一起。只有这样,未来才可能被多数人所认同,并为之奋斗。

其二,基层文化宣传系统的组织化。简单地认为,基层组织化就是从20世纪50年代中后期开始,把一些人、事、物都纳入

---

[1] 谢觉哉:《民主政治的实际》,载延安民主模式研究课题组编《延安民主模式研究资料选编》,西北大学出版社2004年版,第41—42页。
[2] 蔡翔:《革命/叙述:中国社会主义文学—文化想象(1949—1966)》,北京大学出版社2018年版,第79—80页。

人民公社体制。但这种简单粗暴的归类并不利于研究的开展。具体来说，可以从两个方面进行讨论。一是文化形态的组织化。20世纪50年代中期，中国农村普遍成立了农村俱乐部，自此农村的文化宣传事业都归口到农村俱乐部，由它来进行农村文宣资源的协调与整合，包括广播、报纸、电影、幻灯、黑板报、戏曲等媒介形式，如何互动、如何更好地作用于乡村生产生活。不是单兵作战、各自为政，而是有组织地、系统化地开展工作。在这里，不仅可以看到"大传播"的理念，即新闻活动不再是一个单独的门类，而是与乡村各类文艺和传播形态结合在一起展开的，彼此难分难解，这是一种更尊重实践的态度；而且新闻活动与组织化、制度化建设紧密相连，不再是一种运动式的，而是更为常态化的进行。这种组织化，恰恰是日益空心化、原子化的当代乡村所缺失的。

二是人的组织化。在基层，尤其是农村地区，将人编制到生产队，是"农业六十条"之后最大的"组织化"。但我在这里要讨论的是自社会主义制度建立以来，农民不再是"日出而作，日入而息，凿井而饮，耕田而食，帝力于我何有哉"的小国寡民，相反，中国共产党通过多样化的新闻、文化和宣传活动，"实现了党和国家上层与乡土社会基层在精神意识形态上的联通"[①]，换言之，乡村与国家在社会主义时期发生了前所未有的想象和互动。"同时性"是一个重要概念，党和政府通过广播等新闻媒体建构了"同时性"，即一个村民不可能认识全国人民，但因为广播，他大体知道全国的农民都是按照怎样的时间节奏进行生产生

---

① 徐勇：《"宣传下乡"：中国共产党对乡土社会的动员与整合》，《中共党史研究》2010年第10期。

活的。"时间上的一致"使得那些没有时间或因果关联的事件之间，建立起了某种关联和想象。①换言之，广播把村民和其生活"彻底纳入国家的普遍性乃至某种现代性想象之中"，从而在"个人和国家之间，也同时建立起一种认同关系"②。从这个角度来说，刘绍华所谓"现代性的重要关键……是由于国家主导的社会主义治理"③是有道理的。

其三，配合中心工作，解决基层问题。在乡村读报组的案例中，读报员不能只是宣讲政策和念读新闻，还应结合村社中心工作，解决生产劳动中的实际问题，做到"一读二讲三讨论"，通过介绍相关新闻引导村民们讨论和排查在种子、库房、牲畜、场地等方面是否存在一定的问题。如有问题，则反馈给生产队、生产大队逐项落实。④潘祥辉也提到广播的"声音"与"倾听"可以被广泛地应用于农村治理。⑤事实上，一个外来的"新"媒体进入乡村，它不能只是单纯的用来娱乐或传达政策，只有其嵌入乡村社会的结构或政治、经济，发挥了帕克所提出的"社会功能"——融入日常生活的、满足社会需求的功能，⑥参与了治理，它才有可能真正成为人民的、大众的媒介。

李海波在博士学位论文中还讲述了延安解放日报社记者田

---

① [美]本尼迪克特·安德森：《想象的共同体：民族主义的起源与散布的新描述》，吴叡人译，上海人民出版社2003年版，第26页。
② 蔡翔：《革命/叙述：中国社会主义文学—文化想象（1949—1966）》，北京大学出版社2018年版，第59—61页。
③ 刘绍华：《我的凉山兄弟——毒品、艾滋与流动青年》，中央编译出版社2015年版，第22页。
④ 沙垚：《新中国成立之初农村读报组的历史考察——以关中地区为例》，《新闻记者》2018年第6期。
⑤ 潘祥辉：《"广播下乡"：新中国农村广播70年》，《浙江学刊》2019年第6期。
⑥ 胡翼青：《超越功能主义意识形态：再论传播社会功能研究》，《现代传播》2012年第7期。

方的故事。① 田方参加了习仲勋领导的绥德移民工作，执笔起草了整体移民方案，获得了党委的赞许，在这个过程中他写出了多篇新闻报道。值得一提的是，田方调查移民情况时发现许多儿童患有头癣、脓疮等疫病，而农村又缺医少药，"心里很不安"，他从城里带来碘酒、十滴水等常见药物，治好了许多人。"农村并不知道新闻记者是干什么的，都以为我是医生，我因此还结交了好几位贫农朋友。以后每当他们进城赶集，都很随便地到地委机关歇息交谈，寄存东西，有时还睡在一个炕上。"②

当代作为"公共领域"的新闻媒体正在迅速"封建化"③。一方面，史安斌和王沛楠分析了脸谱网进军新闻业的过程，认为脸谱网凭借庞大的用户基数和高度的用户黏性，控制了新闻信息流向受众的主要渠道，进而颠覆了新闻业传统的利益格局，将传统主流媒体渐次收编为互联网技术公司的内容提供商，程序算法正在取代专业记者和编辑而决定新闻价值和公共议程。④ 另一方面，美国前总统特朗普以"推特治国"闻名于世，2017年2月17日，其任职之初就发表推特把新闻媒体称作"美国人民的敌人"（enemy of the American people）⑤。换言之，当代新闻媒体正受到政治权力和资本权力的双重夹击。这时候，该何去何从？

---

① 李海波：《业余路线：延安时期新闻大众化运动研究》，博士学位论文，清华大学，2018年，第157页。

② 田方：《延安的记者生涯》，载丁济沧、苏若望编《我们同党报一起成长——回忆延安岁月》，人民日报出版社1989年版，第150—154页。

③ [德]哈贝马斯：《公共领域的结构转型》，曹卫东译，学林出版社1999年版，第230页。

④ 史安斌、王沛楠：《传播权利的转移与互联网公共领域的"再封建化"——脸谱网进军新闻业的思考》，《新闻记者》2017年第1期。

⑤ Grynbaum, Michael, Trump Calls the News Media the "Enemy of the American People", *The New York Times*, 2017-02-17, https://www.nytimes.com/2017/02/17/business/trump-calls-the-news-media-the-enemy-of-the-people, Html.

新闻参与社会治理的思路给我们的启发是,新闻当转向社区,深度介入社区治理。前文已经讲述了新中国成立以来中国共产党如何发展嵌入基层的新闻事业,故此处不再赘述。事实上,这个方案雷蒙德·威廉斯也曾提到过,他说,当媒体机构为了赚钱而大搞眼球经济的时候,要多办地方性、行业性的报纸。"地方报纸是基于共同体兴趣和共同认识、为一个熟悉的群体生产的报纸","它的传播基础就是一个共同体,这和多数全国性报纸形成了鲜明对比,后者为市场生产"。转向社区或行业,"报纸和读者都身处某种特定的经济和社会关系组织之中"。有一种实际共同体的平衡在里面。[①]

综上所述,群众新闻路线是一个"与古为新"的事业。群众参与新闻实践、新闻参与社会治理,不仅是对历史经验的总结,更是面向未来、解决危机的思路;不仅是中国特色新闻学的理论建设,更是当代新闻实践的前沿探索。甘惜分先生提出"立足中国土,请教马克思"[②],可以说群众新闻路线是对这一精神的遵循,一方面以马克思主义新闻观为指导,另一方面从中国共产党领导的百年新闻事业出发,同时与西方专业主义新闻理念展开对话,探索面向未来的新闻路径。做到了历史与当下、理论与实践、新闻与传播的统一。

---

① [英]雷蒙·威廉斯:《文化与社会:1780—1950》,高晓玲译,商务印书馆2018年版,第444页。
② 郑保卫:《立足中国土 请教马克思——对构建中国特色社会主义新闻学的思考》,《新闻与写作》2016年第7期。

中 篇
历 史

第四章 农村俱乐部：被忽略的基层宣传组织[*]

农村俱乐部，无论是对于中国特色新闻学，还是中国新闻史来说，都是一个极为重要，但却近乎盲点一般的存在。囿于学科分类，文化研究的学者们常常会讨论农村戏曲、群众文艺等；新闻传播学的学者们常常会讨论黑板报、读报组等。但这些文化或新闻活动在新中国成立初期的数十年时间里，却并非单独出现的。于是研究者们"只见树木，不见森林"，事实上，这些文化活动都归靠到农村俱乐部，换言之，农村俱乐部是农村一切文化宣传和新闻传播活动的组织机构，但却很少被研究者所重视。一方面，依托一系列具体的新闻传播活动，可以复现20世纪50年代和60年代中国乡村新闻传播的整体性图像；另一方面，这一系列具体的新闻传播活动并非各行其是，而是受到一个组织的统一指导和管理，它们均是农村俱乐部下设的"股"或活动小组。如果过于聚焦单项的新闻传播的历史实践，我们很可能忽略彼时新

---

[*] 本章主要参考沙垚《再谈农村俱乐部：农民的文化主体性与农村文艺的组织化》，《文艺理论与批评》2019年第4期。

闻传播最为重要的时代特征和深层结构：组织性与总体性。

与此同时，值得一提的是，在彼时的乡村实践中，新闻与传播是紧密联系在一起的，历史实践并没有人为地将读报组、农村广播等新闻活动和业余剧团、诗歌创作等文艺活动截然分开。某种程度上说，当时广播、报纸在农村均属于新媒体，而业余剧团则属于旧的文化组织形式，但是在农村俱乐部内，它们有机镶嵌，共同服务于社会主义建设。因此，我们总结历史，不仅要看到并遵从其中表达出的"大新闻"或"大传播"的观念，更要反思，为什么今天的新闻与传播在理论建构和学科实践两个层面均出现紧张关系？如此，从历史中考证未来，也是中国特色新闻学的重要意涵。

今天，我们不仅要研究历史，将农村俱乐部纳入新闻传播史的研究版图，更要总结农村俱乐部的实践遗产。它存在于世的三十多年中，曾在农村和基层发挥过重要的作用。正是农村俱乐部使农村的文艺活动/新闻传播活动开始走上了与社会主义相匹适的规范化和组织化的道路。而在农村俱乐部设施和经费的解决过程中，农民的主体性意识从抽象的口号、符号层面延伸到政治经济层面的日常实践，农民用自己的双手劳动和创造力将懵懂的文化意识变成文化实践。

虽然20世纪80年代以来，农村俱乐部不可避免地走向了衰败，但现在农村的一些文化/新闻传播现象似乎与当年农村俱乐部还有着些许的关联，农村俱乐部的某些隐形遗产在今天依然发挥着作用。近年来，新时代文明实践成为基层文化/宣传的桥头堡，但其中似乎时时处处又可见农村俱乐部的影子。因此，农村俱乐部是当代基层文化宣传和新闻传播领域中一个有待深耕的对象，对它进行研究不仅可以将新中国成立初期农村新闻传播和文化研究从文本转向实践,打开新的研究空间;而且,在当代农村重新陷入价值困境,呈现出"荒漠化"危机的背景下,再度发现和探讨农村俱乐部的意义,还具有重要的时代价值。

第一节 什么是农村俱乐部

新中国成立之初,基层的新闻和宣传实践,有许多必须面对和解决的问题。从政治上讲,是上情如何下达,各项新的建设和发展社会主义的方针、政策如何在基层落地;从文化上讲,是社会主义的意识形态如何被群众接受,并进而建立广泛的价值共识。尤其是在官方宣传力量和文艺力量均不足的情况下,如何普及和做好农村新闻传播工作,成为燃眉之急。

整合传统,发动群众,是当时的策略。一方面,从中共八大的决议中可以看出对待传统的态度,即对有益的传统文化"必须加以继承和吸收",同时"努力创造社会主义的民族的新文化"。历史传统与社会主义并不是处于对立状态,相反,传统是可以整合的,两者是可以互通的。如时任陕西省委书记赵伯平所说,"我们共产党人从来都认为:凡是劳动人民所创造的并且为广大群众所喜爱的,都是宝贵的,我们都要重视它、爱护它、发掘它,接受下来加以改进和提高"[①]。

另一方面,发动群众、依靠群众,走群众路线是中国共产党重要的革命经验,如张炼红所说,"很难想象,在中国五六十年代特别是新中国初期的社会政治文化的转型过程中,假如没有收编到这

---

① 赵伯平:《在西安戏剧改革座谈会上的讲话》,载《陕西省第一届戏剧观摩演出大会的纪念刊》,陕西省图书馆1956年版,第252页。

样一支指挥自如、训练有素,且能广泛深入民间的群众性宣教队伍,那么各项政策的上传下达还能否进行得如此顺利。……(当然在此过程中)艺人们也获得了前所未有的'新生'和'荣耀'"。①

宣传新文化必须发动群众。但事实上,这个时候的群众并没有完全具备社会主义的意识形态自觉,如何求同存异,如何改造他们的思想,使之接受社会主义的价值观念?如何搭建一种组织秩序或制度,把社会主义和传统文化都纳入其中,保证社会主义新文化的生产与传播?农村俱乐部是在这个意义上出现的,此后,它在实践中主导和规约着农村的文化宣传与新闻传播,让一整套社会主义新文化的意识形态得以落地。在农村俱乐部出现之后,"农村的文艺活动开始走上了规范化、组织化的道路"。②

什么是农村俱乐部?《关于发展和提高农村俱乐部的初步意见》在开篇就对其做了明确的定位:"农村俱乐部是在合作社基础上建立起来的进步的、高级的农村业余文化活动的组织形式,是党和政府在农村开展以社会主义思想教育群众和抵制资产阶级思想侵蚀的重要阵地,是鼓舞农民身缠热情、推动中心工作的有力工具,是活跃农民文化生活,以健康的文化休息替代不正当娱乐的良好场所。由于它是群众自己办的,而且是包括各种文化艺术形式的综合组织,所以最受群众欢迎,也能够充分发挥劳动人民在文化艺术上的创造性和积极性,同时,它能够紧密的结合生产,为群众服务,也便于政府和文化部门进行思想指导和业务辅导。"③

---

① 张炼红:《历炼精魂:新中国戏曲改造考论》,上海人民出版社2013年版,第377页。
② 徐志伟:《"十七年"时期的农村俱乐部与农村文艺活动的组织化》,《文艺理论与批评》2018年第5期。
③ 《关于发展和提高农村俱乐部的初步意见》,陕西省档案馆,232-1-17。

第四章 农村俱乐部:被忽略的基层宣传组织

农村俱乐部的主要任务:一是以社会主义和爱国主义思想教育广大农民,为实现农业的社会主义改造和发展农业生产而奋斗;二是帮助农民不断提高文化水平,以巩固扫盲成果,普及与日常生活、生产有关的科学技术知识;三是活跃农村文化生活,帮助农民得到有益的文化休息,以增进劳动人民的身心健康。[①]后来,到20世纪60年代,农村俱乐部的任务被表述为:"办好农村俱乐部,是关系到农村中政治战线上和思想战线上社会主义革命的重大问题,关系到农村中的思想阵地、文化阵地由谁来占领的问题,关系到农村社会主义经济基础的巩固和发展问题。……农村俱乐部绝不是可有可无,而是非办好不可的;不是为了拉拉唱唱,闹闹玩玩,而是为了巩固、扩大农村的社会主义思想和文化阵地。"[②] 简言之,在20世纪50年代,农村俱乐部的设置是为了社会主义教育、配合农业生产和丰富农村文化生活,到了60年代其主要是巩固社会主义思想文化的阵地。

农村俱乐部首先是群众性的。其一,农村俱乐部成立的目的之一是为了满足群众对文化和思想的要求。有文件明确提到"群众对于相公招姑娘、奸贼害忠良已赶到厌烦,很多地方的群众要求通过各项文化艺术活动来了解党的路线和政策……要求知道国内外的大事,要求从文艺形式表现农村的生动事例"[③]。其二,农村俱乐部成立的方式是综合统一,即"把农村各种单一性的、分散的文化艺术活动,联合起来进行辅导和统一领导"[④],具体来

[①] 《关于发展和提高农村俱乐部的初步意见》,陕西省档案馆,232-1-17。
[②] 《发展和巩固农村俱乐部工作的初步体会》,华东师范大学当代文献史料中心,档案编号:Acu 0357-022-057。
[③] 《关于发展和提高农村俱乐部的初步意见》,陕西省档案馆,232-1-17。
[④] 《关于发展和提高农村俱乐部的初步意见》,陕西省档案馆,232-1-17。

说，就是在"积极地发展各种单一的文化活动组织，像歌咏队、业余剧团、图书室、读报组、黑板报编辑组、幻灯组、自乐班、舞蹈组和各种球队等等"的基础上，"逐步地……建立农村俱乐部"。① 换言之，农村俱乐部不是凭空建造出来的，而是在原来的基础上，进行资源整合与打通，逐步建立起来的。其三，农村俱乐部成立的原则是"业余自愿、小型多样"，要求其主要在农闲和假日、阴雨日进行活动，不妨碍生产；不得强迫命令群众参加，对于不参加的群众也不能等待不动，而是积极引导；倡导开展短小精悍的活动，不鼓励大型活动，活动内容要丰富多样。② 农村俱乐部还需遵循因地制宜原则。当地农村有什么样的文化形式，就纳入什么。"各地应该根据当地情况和俱乐部本身的条件，实事求是地加以安排，可多可少，不要强求一律"，"发展俱乐部应从原有群众文化活动的基础出发，规格不宜强求一律，可大可小，可简可繁"③。

总之，俱乐部"必须发动群众，依靠群众建立"，是"群众自办、自我教育、自我娱乐的基层组织，它的活动对象是广大劳动人民，通过各项活动，以达到鼓舞生产、提高农民文化生活的目的"。④ 这不是孤证。晋南专员公署文化局1962年颁发的农村俱乐部条例第一条明确写道："农村的一切文艺活动，都由它来组织和辅导，因此，它是农村群众性、综合性、业余性的基层文化组织。"⑤《文化部、中国新民主主义青年团中央委员会关于配

---

① 转引自徐志伟《"十七年"时期的农村俱乐部与农村文艺活动的组织化》，《文艺理论与批评》2018年第5期。

② 《关于发展和提高农村俱乐部的初步意见》，陕西省档案馆，232-1-17。

③ 转引自徐志伟《"十七年"时期的农村俱乐部与农村文艺活动的组织化》，《文艺理论与批评》2018年第5期。

④ 《关于发展和提高农村俱乐部的初步意见》，陕西省档案馆，232-1-17。

⑤ 《兹发晋南专员公署文化局对拟制农村俱乐部条例的意见》，华东师范大学当代文献史料中心，档案编号：Acu0357-003-001。

合农村合作化运动高潮开展农村文化工作的指示》（1956年2月21日）也提到农村俱乐部是"农民群众进行广泛的文化活动的综合性的组织形式"①。

其次，农村俱乐部与群众新闻路线紧密相关，某种程度上说，20世纪50年代中期到80年代中期，中国农村的新闻事业，或者说新闻在农村的落地，主要是依靠农村俱乐部的组织才得以施行的。因此，农村俱乐部是群众新闻路线在农村的组织者和执行者。共青团山西省委1964年发了一个文件《农村俱乐部活动要点》，要求：

"凡订有报刊的地方，都应该建立读报组，把报刊当作重要的学习和宣传资料运用起来。要培养读报员，帮助他们学会选择读报内容，使读报生动活泼，更好地联系实际。黑板报、广播筒是宣传时事政治、生产中的先进人物和事例的最简便而有力的工具。举办展览，运用实物和图片对群众进行教育，效果十分显著。各地在社会主义教育运动中举办了很多家史、村史、社史和新旧社会对比等展览，有的还专门开辟了展览室，这些形式都要继续运用和发展。"②

这样的例子还有很多。再举三个：

"全村有23块黑板，配合中心工作，表扬好人好事，还有国内外大事。每月换2—3次。每次都是利用中午或雨后的时间换黑板报。全村共有16个读报小组，32人组成。把报纸带到田间，利用休息时间给社员读报，让社员知道科学知识，了解国家大事。"③

---

① 转引自徐志伟《"十七年"时期的农村俱乐部与农村文艺活动的组织化》，《文艺理论与批评》2018年第5期。

② 《农村俱乐部活动要点》，华东师范大学当代文献史料中心，档案编号：Acu 0357-011-003。

③ 《西中黄俱乐部近来工作总结》，华东师范大学当代文献史料中心，档案编号：Acu 0357-006-072。

中篇 历史

"村里黑板报，原有 11 块，这几年由于风吹日晒，掉皮的掉皮，跌块的跌块，有的虽没掉皮跌块，却都成了白板了。福胜见这些有力的宣传工具不整顿一下不行。便把这事提到了俱乐部会上，他建议除了整顿原有的，还要再扩大些板报，进一步发挥黑板报的宣传战斗作用。经过研究决定，根据他的意见办。为了俭省大队开支，他自己出钱卖了四五斤松碳，然后和几个俱乐部青年利用中午休息的时间和泥，亲自下手泥黑板，经过一星期的时间，除重整了原有的 11 块黑板外，又新泥了黑板 12 块，小黑板 26 条，整个村的街街路路都布满了大小黑板报，为开展宣传活动提供了足够的武器。"①

山西还有一个村的村民直接提出"人家队有俱乐部、黑板报、广播筒，说快板能解决思想问题，咱老是开会，队干部吹鼻子瞪眼睛的，闹的人心老不痛快。"为了解决这一问题，当地农村俱乐部加紧研究，最后提出"十到田"的办法，即将十种文化宣传的方式送到田间地头。②

总之，农村俱乐部是农村对文化宣传和新闻传播资源的总动员，为广大农村地区搭建了一个新的平台，这个平台上，农村的一切传统的文化形式（如业余剧团、自乐班等）转型升级，和新的宣传形式（读报组、广播组、幻灯组等）有机融合，最终服务于农民的生产生活和社会主义思想的传播。同时，农村俱乐部也巧妙地利用地缘、亲缘等关系，调动了农民的传统观念和地方性知识，将之与社会主义文艺相结合，农民自己的价值观念和行为

---

① 《一个俱乐部的好当家——孙福胜》，华东师范大学当代文献史料中心，档案编号：Acu 0357-004-039。
② 《全区组宣工作会议典型材料之十六 文化活动十到田 中共临猗县委宣传部》，华东师范大学当代文献史料中心，档案编号：Aa 0357-010-007。

模式也受到了教育和鼓舞,他们的服务意识和社队共同体意识开始有所自觉。

第二节 组织化和主体性

20世纪50年代中期,农村俱乐部大规模发展起来。根据《关于发展和提高农村俱乐部的初步意见》我们可以大致概括出农村俱乐部的组织制度。①

首先,农村俱乐部组织化的必要性。以往农村的各种文化宣传和新闻传播的组织形式,虽然在推动生产、活跃群众文化生活等方面曾起到了巨大作用,但随着农业合作社的发展,原先各类文化形式,你唱戏、我读报、他写诗——各自为战,缺乏统一部署,不能形成传播合力。分散的活动方式和集体性的生产关系发生了矛盾。原有的活动组织和新的生产形式、生产关系发生了矛盾。因此,有必要成立以农业生产合作社为基础并吸收社外群众参加的组织起来的农村俱乐部。简言之,农村俱乐部是在合作社的基础上建立起来的进步的、高级的农村业余文化和宣传活动的组织形式。

其次,农村俱乐部的组织领导。农村俱乐部直接由所在合作社社管理委员会领导,几个社联合成立的(中心)俱乐部,由各社共同领导,由县(区)文化馆、站进行业务辅导。俱乐部以全体成员大会为最高权力机关,由全体大会选举出俱乐部的主任、副主任,中心俱乐部可选出委员会,负责领导全盘工作。比如陕

---

① 《关于发展和提高农村俱乐部的初步意见》,陕西省档案馆,232-1-17。

西省长安县(现为长安区)东祝村俱乐部在农业社管理委员会的领导下,通过选举组成了俱乐部委员会,设主任1人、副主任2人、委员4人(委员人选中有村主任、两个农业社主任、团支部书记、村社文教委员、村妇女主任)。①

再次,农村俱乐部的组织结构。农村俱乐部在主任和委员会的领导下分设各业务股,由正副股长(各一人)负责领导日常工作,股下设若干小组,由组长主持具体活动。包括文艺宣传股(创编工作、幻灯放映、业余剧团、收音广播、黑板报、读报组等小组),社会教育股(图书室、民校、识字组、讲座会等小组),科技推广股(农业科学技术和卫生的普及宣传、推广自然改造经验等小组),体育活动股(军事体操、各种球类运动等小组)。同时要求"分设各股"要根据各村的"实际情况",不能大而全。中国新闻史所关注的幻灯、广播、黑板报、读报组等,都归在文艺宣传股里,这再次说明农村俱乐部是基层文化宣传与新闻传播的组织者和执行者。

最后,农村俱乐部的登记管理。华东师范大学当代文献史料中心收有山西省襄汾县大多数生产大队1963年农村俱乐部的登记卡片,从这些登记卡中,我们可以看到农村俱乐部文艺骨干的姓名、年龄、性别、文化程度、政治身份、出身成分、俱乐部职务、特长等,也可以看到全队的劳动力、人口、土地、牲畜等情况,还可以看到俱乐部的活动形式。

事实上,登记管理对文化骨干来说,有着很大的象征意义。从农村文化传统来说,吹拉弹唱、说书取乐的文艺爱好者常常被视为戏子,社会地位较低;那些喜欢传播新闻、信息的人,也常

---

① 《长安县东祝村农村俱乐部是怎样办起来的》,陕西省档案馆,232-1-8。

常被认为是爱出风头、不务正业的人。但是登记管理之后，他们成了"骨干"，换言之，农村俱乐部的登记管理可以视为农村文艺爱好者翻身的制度性起点，他们的骨干身份从此获得了国家基层单位的正式认可。

如果说，20世纪50年代初的农村俱乐部更多采用的是运动式的动员方式以开展夜校、识字、读报等活动，那么到50年代中期，农村俱乐部才真正找到与之相适应的社会生产关系——农业合作社（包括后来的人民公社、生产大队）。也由此，农村俱乐部得以作为一个常态化、制度化、综合性的农村文化宣传常设机构而存在。成立俱乐部必须要纳入县、区、乡的"文化工作规划"和"合作化全面规划"，要"经社管理委员会批准，报乡人民委员会备案"。农村俱乐部开展的一切活动均纳入到合作社管理委员会的统一领导之下，纳入到各地文化、宣传和教育部门总体工作的规划之内，实行统一部署。并配有少许的经费作为活动补助，如山西省襄汾县1962年就有7个公社做过这方面的预算，给每个俱乐部50—70元不等的经费用于在节日、假日开展戏剧表演、歌唱、出黑板报、收听广播、创作等活动。[①] 总之，可以认为农村俱乐部是与人民公社制度相匹配的最基层的国家文化宣传和新闻传播的组织单位。围绕着农村俱乐部，从20世纪50年代中期起，中国农村才真正出现一支包括党员、团员、宣传员、积极分子、知识青年、夜校教师等参加的宣传队伍。

俱乐部的宣传骨干们超越个体利益，为集体而劳动，为了出黑板报、为了读报、为了办展览，他们想方设法地去挣钱。在山

[①]《襄汾县农村俱乐部文艺宣传活动计划补助费表》，华东师范大学当代文献史料中心，档案编号：Acu0357-003-003。

中篇 历史

西省襄汾县孙家院大队俱乐部,"骨干们种了一块场院地,收入由他们自己支配。不过,还是他们自己想的办法多。去年,他们要泥黑板报,石灰里要用棉花,骨干们一商量,每人给出2两;打乒乓球没有案子,自己用石碑、门板垫了个案子,篮球队没有球架,他们找了两块烂桌面修了修,钉了几根橡子,篮球架就成啦"①。这种由群众自己解决农村俱乐部设施和经费的做法,在当时十分常见。农民在农村俱乐部的建立与运行过程中,不再置身事外,相反,他们积极主动的探寻解决问题的办法,体现了主人翁精神,群众的主体意识被激发。不仅如此,孙家院俱乐部的骨干们,还通过绘制单幅画、连张画,收集实物等方式办展览,表达新旧两个社会、两种制度、两种生活的对比;自编自导快板、戏曲等。群众热情高涨,全村75户人家,313口人,俱乐部骨干有44名(男23人,女21人),另有37名积极分子,平均每户不止一人。"若是到了用人的时候,全村都参加。……老饲养员,他名叫孙茂林,今年春节演戏,全村人出动搭台子,他觉得自己插不上手,心里不是味,可他也想出了办法——给搭台子的人烧了两天开水。"②

农村俱乐部由此开创了一种与旧文化截然不同的崭新的农村文化格局,台上台下、广播内外不再彼此陌生,而是相互配合、相互欣赏,代际之间的温情与对美好未来的憧憬结合到了一起。如果说,办展览、编快板、出板报、屋顶广播等使农民获得了与其政治经济身份相匹配的文化身份,以文化主体的身份登上了社会和历

---

① 山西省襄汾县孙家院大队支书孙文灿1964年口述,资料来源:华东师范大学当代文献史料中心,档案编号:Acu0357-004-038。
② 《社会主义思想阵地——襄汾县孙家院大队俱乐部》,华东师范大学当代文献史料中心,档案编号:Acu0357-004-038。

史舞台。那么,农村俱乐部发展中设施和经费的解决过程则是将这种主体性身份从文化符号延伸到政治经济层面的日常实践,农民用自己双手的劳动和创造力将懵懂的文化意识变成文化实践。

1964年,襄汾县县委宣传部和人委文化局要组织一支"农村文化宣传队"至全县21个公社巡回展示社会主义教育展品、向农村输送文化食粮(播放电影、表演文艺节目、供应红书)、传播生理卫生知识、贯彻文化工作方针政策(辅导农村俱乐部,分片培训文艺骨干)。该宣传队成员的来源为:县文化馆2名、县新华书店1名、电影队3名、卫生院2名、县直各单位5名、农村文艺骨干15名。① 这份文件展示了"十七年"时期来自农村俱乐部的宣传骨干和来自县文化馆等国家单位的宣传工作者一起开展农村文化宣传活动的情形。

类似的档案,徐志伟在其文章中也多有提及,比如"文化馆在一般情况下应有一半以上或三分之二以上的人力经常深入农村去开展和辅导群众的业余文化活动",并列举了黑龙江省延寿县文化馆、湖北省枣阳县文化馆、山西省左权县文化馆和四川省遂宁县文化馆的动人故事。② 但徐志伟的论述多采用文化馆辅导农村俱乐部的叙事框架。与之相对,农村文艺骨干对文化馆的反哺,或者说合作性的文化生产与传播同样也应该被看到。蔡翔认为正是群众的参与,以及这一参与的过程,才让"群众成为政治主体,即国家的主人"③。

---

① 《襄汾县县委宣传部、人委文化局组织农村文化宣传队计划》,华东师范大学当代文献史料中心,档案编号:Acu0357-005-090。
② 转引自徐志伟《"十七年"时期的农村俱乐部与农村文艺活动的组织化》,《文艺理论与批评》2018年第5期。
③ 蔡翔:《当代文学中的动员结构(上)》,《上海文学》2008年第3期。

农村的文艺骨干们不仅与来自文化馆的辅导员们在自己的村庄进行文艺创作，还走出农村，在其他公社，甚至走到更高的社会平台、更远的社会空间，比如到省会城市或北京传播自己的文化。在此过程中他们与文艺工作者、文化主管部门的工作人员广泛交流、切磋互动、相互学习。不得不说，这与20世纪末以来农民文化作为镶嵌在资本市场上的一朵"原生态之花"走进都市舞台和国际舞台，有着本质的不同，他们不是被作为猎奇的文化和消费的对象而出现的，相反，农民通过这种方式，与文艺工作者一起，共同探索国家未来文化的发展方向，成为社会主义中国文化领域不可或缺的有机组成部分。

第三节　农村俱乐部的遗产

20世纪80年代中期，随着人民公社制度的终结，农村俱乐部也渐进尾声。当经济价值成为一个事物存在合法性的主要考量因素时，农村俱乐部这个既无法转化为营利性的公司，又不能完全靠财政拨款供养的基层文化宣传组织，只能一路没落下去。

值得一提的是，20世纪80年代上半叶，农村俱乐部还经历了一次"最后的辉煌"。在浙江省缙云县文化局1984年的工作总结中，农村俱乐部依然作为一个重要的方面被呈现出来，该年"全县625个行政村，已创办了俱乐部608个，占全县行政村的97.3%，其中好的和比较好的占40%左右"。虽然该总结强调俱乐部应从单一的"说说笑笑、唱唱跳跳"的活动形式，发展成为"文化娱乐、文化教育、科学普及、群众体育和时政宣传"的农村文化阵地。但是，从实际情况来看，该县的农村俱乐部主要在球类、棋牌、讲故事、演唱、乐器、美术、墙报、农技等方面展开活动，主要为科普、农业生产、商品生产培养人才。① 显然，农村俱乐部的去政治化是题中之义。

如果说20世纪50年代农村俱乐部主要解决的问题是对农村传统文化宣传和新闻传播资源的总动员并将其组织化，60年代主要是全面巩固、扩大农村的社会主义思想和文化阵地。那么到80年代农村俱乐部的主要任务则转变为"为农业生产服务，为商品生产服务"。除了为农户提供科技培训，培养"万元户"之外，娱乐也是其重要功能，缙云县一位基层文化站的工作人员描绘了1982年某大队俱乐部的场景："每到夜晚，俱乐部内外，看书阅览、听故事的、下棋的、打扑克，男女老少挤得满满的，那些无事玩赌的青年，也被俱乐部的欢乐气氛吸引过来了。"② 这一现象是被作为先进典型加以总结的，但在这里面，政治是缺席的。

虽然农村俱乐部不可避免地走向了衰败，但现在农村的一些文化/传播现象似乎与当年农村俱乐部还有着些许的关联，换言之，农村俱乐部的某些隐形遗产在今天依然发挥着作用，而这将成为当代乡村新闻传播领域中一个有待深入研究的领域。

缙云县文化馆馆长楼焕亮在访谈中提到，如今缙云县"15人以上的农村业余文艺团队686个，只要有节会文化活动，就有大批的志愿者来帮忙，一起做群众文化服务。2018年春节期间，全县举办乡村春晚163场，主要都是在志愿者支持下做起来的"③。朱盈钟是缙云县新建镇的一位农村机械修理工，但由于热爱婺剧，2017年他在镇上成立了"新建镇民间戏剧联谊会"，全会现

---

① 《县文化局八四年工作总结》，浙江省缙云县档案馆，档案编号：30-1-62。
② 《工作总结》，浙江省缙云县档案馆，档案编号：30-1-44。
③ 访谈：浙江省缙云县文化馆馆长楼焕亮，2018年8月31日。

中篇 历史

有141个会员，他们通过拉赞助、交会费（100元每人）的方式筹集了10万余元，"2018年，一是到别的村子去唱，在舞台上、祠堂里，文化交流；二是文化局安排的，他们安排了6场，我们演了9场节目，有小品、婺剧、三句半、舞蹈都有"。① 官店村至今每年乡村春晚的大背板上都写着"1950—2018"或者"1950—2019"等等，这说明村民们并没有把当代的乡村春晚当作是一个新发明的文化实践，相反在村民眼中这是1950年以来的农村俱乐部春节文化活动的延续……

这样一支庞大的农村文艺队伍得以活跃至今，与农村俱乐部的传统是否存在某种传承关系？当代群众文化活动重新繁荣，仅仅有好的政策，有文化馆的辅导是不够的，良好的群众文化土壤至关重要，但这个土壤不会凭空而来。如此有组织性的农村文艺宣传团队，不正指向了曾经在农村精耕细作三十余年的基层文艺组织——农村俱乐部吗？诚如张炼红所说，当年的"人民性"在今天的意识形态中，正是以某种"民间性"来呈现的。②

与此同时，农村俱乐部通过黑板报、读报组、幻灯片、图书室，甚至快板、说书等方式向村民们，尤其是青年们传播时事政治，了解世界格局。第一次将国内外政治形势、国家的政策方针等信息日常化、制度化地传播到农村，使每一个个体与国家发生关系，进而产生认同。这为今天重建国家与地方的有机勾连提供了某种历史和文化的基础。

2020年10月中旬，我去江苏省徐州市马庄村调研，这是2017年底习近平总书记曾调研过的村庄。这个村庄最吸引我的是

---

① 访谈，缙云县新建镇民间戏剧联谊会会长朱盈钟，2019年2月9日。
② 张炼红：《历炼精魂：新中国戏曲改造考论》，上海人民出版社2013年版，第11页。

新时代文明实践站的一系列活动，尤其感人的是该村 30 多年来坚持每天升国旗唱国歌，以及其于 1988 年组建的"苏北第一支农民铜管乐团"曾赴全球多个国家巡回演出。

该村新时代文明实践站主要搭建了五个平台，包括：理论宣讲平台（主要传播党的政策方针），教育服务平台（主要负责爱国主义教育和技能培训），文化服务平台（主要负责文化演出和娱乐），科技与科普服务平台（主要负责科普宣教），健身体育服务平台（主要负责体育健身活动）。具体来说，文明实践站会组织村民集体观看红色电影，让村民登台讲述自己的故事，组织学习强国的知识竞赛，在广场舞比赛和文艺演出之前或之后宣讲党的新政策，组织周末农民舞会，等等。无论是平台建设，还是活动内容，都让我一下子想到了曾活跃于 20 世纪中后期的农村俱乐部，其组织架构的设置与上文提到的农村俱乐部的组织架构如出一辙，具有 90% 以上的重合度。我问马庄村孟庆喜老书记，这些新时代文明实践的灵感从哪里来，是不是和当年的农村俱乐部有关？他说当然有关，并一下唱起了《俱乐部好》的歌曲。

新时代文明实践中心（站、所）建设是从党的十九大之后开始酝酿，并在全国轰轰烈烈展开的。2018 年 7 月中央全面深化改革委员会第三次会议审议通过了《关于建设新时代文明实践中心试点工作的指导意见》，8 月，中共中央办公厅印发全国，该文件正式提出建设新时代文明实践中心，并提出了一系列工作要求、任务、内容、方法等。此后 2019 年中共中央印发的《中国共产党农村基层组织工作条例》和《中国共产党农村工作条例》中均涉及新时代文明实践中心（所、站），要求新时代文明实践中心（所、站）能够"深入宣传教育群众，用中国特色社会主义文化、社会主义思想道德牢牢占领农村思想文化阵地"，随后 2019 年 10 月，中央文明委印发《关于深化拓展新时代文明实践中心建设试点工作的实施方案》,由此,新时代文明实践中心建设被推向高潮。

马庄村的故事不是个案,从政策目标到组织架构,再到实践形式,农村俱乐部和新时代文明实践中心之间都有着多重关联。一方面,这说明农村俱乐部虽然已经不复存在,但它依然以某种方式在今天的乡村实践中发挥着影响,这也提示我们要尊重历史遗产,尤其是注意总结20世纪中国社会主义在各个层面实践探索的经验与教训,唯有如此,我们才能对当代农村多一层理解,多一种深度;另一方面,农村俱乐部与新时代文明实践中心的惊人相似也提醒我们注意,1949年以来,中国农村文化宣传与新闻传播实践的某种内核从来没有变过,即通过组织性增强人民的获得感。

曾经是威廉斯意义上的"主流"(dominant)的群众文化,经过30多年的市场化改革,在一定程度上变成了"残存"(residual)的文化。① 然而,这既不意味着断然的断裂,也不意味着某种基于西方资本主义现代性的线性历史逻辑的必然中国演绎;相反,即使在商业化大众媒介成为"新主流"的时代,群众文化在理论和实践上也并没有完全被抛弃;更何况,中国共产党也从来没有放弃过文化宣传和新闻传播以人民为中心、为社会主义服务的初心。在动态的、曲折的、充满国家与社会互动和社会主体的能动性的文化实践、甚至斗争中,昨天的"主流"、今天的"残存",在新的历史条件下,构成当下新的"浮现"(emergent)。

如何重新发现并总结这段历史?借用刘岩在研究东北工人文

---

① [英]雷蒙德·威廉斯:《马克思主义与文学》,王尔勃、周莉译,河南大学出版社2008年版,第129—136页。

化时的叙述，他之所以要再现和讨论"东北老工业基地历史的各种文本与文化现象"，是希望"最终抵达对蕴含社会主义经验的文化生产的未来可能的尝试性探究"①。或者如王洪喆重新发掘社会主义生态和城乡建设的思想史之后，认为这有助于"将对当下城乡问题的理解重新纳入社会主义发展道路的战略认识当中"②。简言之，这是一种"与古为新"的研究思路与态度，重新发现历史，总结其经验与教训，或许可以为今天中国特色的社会主义提供更多的想象和新的可能。

1964年深冬，时任山西省襄汾县县委秘书乔全寿同志去孙家院俱乐部参观，或许他的描述可以为我们打开历史的想象：

"在一座院的北房里，灯光如昼，演员们精神贯注地琢磨着角色，中间有位青年，像是导演，时而指指点点，时而以身示范。虽然演员们没有化妆，但表情、演唱非常认真细腻。我问一位女演员是什么戏？她告诉我，是他们自编的阶级斗争剧——《忆苦思甜》。……夜深了，紧凑的音乐声，高亢的歌唱声，欢乐的谈笑声，还震荡着整个村庄。这个75户人家的小村，完全沉醉在浓郁的气氛中，处处充满着生气勃勃的活力。社会主义牢固的占领着这里的思想阵地。"③

---

① 刘岩：《历史·记忆·生产——东北老工业基地文化研究》，中国言实出版社2016年版，第10页。
② 王洪喆：《中国社会主义生态城乡观与技术政治探源——从克鲁泡特金到钱学森》，《天府新论》2015年第6期。
③ 《社会主义思想阵地——襄汾县孙家院大队俱乐部》，华东师范大学当代文献史料中心，档案编号：Acu0357-004-038。

第五章　读报组：群众参与新闻实践的故事*

在中国共产党领导的新闻事业史上，群众参与新闻实践是一个重要的创举，主要体现在"群众读报、群众办黑板报、工农通讯员"① 三个方面。要想把党的方针政策、社会主义的价值观念传播给群众，"单单依靠记者、编辑和基层干部的传达是不行的，必须依靠更广泛的力量——读报组"②。1944年陕甘宁边区文化教育大会上通过的《关于发展群众读报办报通讯工作的决议》要求："在可能的条件下，均应组织读报，各地区乡干部、小学教师、工作人员及一起文化工作者，均应积极组织这个工作"，"应该细心研究群众的兴趣所在，以便引起群众参加读报的热情；应该使读报工作与群众的生产、卫生、识字、娱乐等各种日常问题的解决相联系，并应注意培养群众中的积极分子，以便使读报组成为能够持久团结群众推动工作的核心。"③ 1952年，陕西省委宣

---

* 本文主要参考沙垚《新中国成立之初农村读报组的历史考察——以关中地区为例》，《新闻记者》2018年第6期。

① 李文：《群众办报思想的重要实践基础——黑板报》，《新闻知识》2008年第3期。

② 李文、王兆屹：《看延安〈群众〉周报如何贴近群众——一段不该遗忘的党报传统》，《国际新闻界》2006年第4期。

③ 中国社会科学院新闻研究所编：《中国共产党新闻工作文件汇编（上）》，新华出版社1980年版，第168—169页。

传部的一份文件提到"读报组是党教导人民群众和加强党与人民群众联系的最好的组织形式之一，也是人民群众自我教育的一种很好的组织形式，是推动各项工作的重要力量。"① 由此，明确了读报组的性质、功能与主体。

虽然延安时期"九成以上老百姓和大多数乡村干部不识字、不能看报，……报纸和群众联系不够"②，但读报组作为一项群众参与新闻生产与传播的实践活动，得到了很大程度的推动，并为1949年以后新闻领域践行群众路线提供了可以参照的样本。20世纪50年代，在工农群众识字读报的水平经由在冬学、夜校、民校的学习，有了一定程度的提高，尤其是在新生社会主义国家政权宣称要继续推动群众参与新闻实践的大背景下，读报组会呈现出什么样的新面貌？从中我们又能提炼出哪些经验与特征，用于指导今天的新闻生产与实践？

第一节　新中国成立初期读报组的建立

根据我在陕西省档案馆、西安市档案馆、渭南市档案馆获得的档案，以新中国成立初期陕西省农村读报组的建立过程为案例来展开讲述。

陕西省的农村读报组是从1950年7月开始建立的，截至1952年6月底，据陕西省委宣传部不完全统计，全省已经建立起75590多个读报组。参加的人数已达1426300多名，约占全省总人口的10%以上。③ 这些读报组对提高人民群众的政治觉悟、农业生产

---

① 《两年来建立读报组的基本情况及经验》，渭南市档案馆，J001-2-181。
② 李卓然：《文教大会上李卓然同志总结报告　边区报纸成为群众事业》，《解放日报》1944年11月20日第2版。
③ 《两年来建立读报组的基本情况及经验》，渭南市档案馆，J001-2-181。

中篇 历史

水平和农村各个时期的中心工作都起到了巨大而积极的作用。"读报组的兴旺发展,……从一个侧面反映出当时的基层社会生机勃勃,组织化程度很高。"① 那么,它们是如何建立起来的?

首先面对的一个问题是,读报组是哪些人在读,又为什么愿意读?答案是"农村知识分子和识字农民"②。根据1952年对渭南专区蓝田县六区二乡、宝鸡专区宝鸡县鸡峰区五乡和咸阳专区淳化县铁王区秦家河乡的调查,这三个乡每村均有3—4个知识分子或识字农民。③ 这个数字在20世纪50年代初的关中农村是较为普遍的。要把这些人动员起来,加强思想教育,"使他们认识读报工作是一项光荣任务,能够任劳任怨、不计报酬,踏实负责的工作"。④ 同时,要物色一些成分好、热情积极的知识分子加以培养,培养的办法,一是吸收他们参加速成识字师资训练及积极分子训练班,一是由完、普小教员巡回指导,就地培养。以这种方式不断扩大读报员的队伍。

读报就需要有报纸,20世纪50年代初农村百废待兴,订报的钱从哪里来?起初各地多半是读报组的组员们平均摊派,但这种方法不可持续,因为必然会有人不愿意,进而导致报费收不起来,有不少读报组也就因此解散了。而与此同时,各级宣传部门又三令五申,一遍遍号召动员建立读报组,怎么办?实践中,人民群众探索出如下解决办法:(1)各村制定增产计划,将增产的粮食拿出一部分订报;(2)有荒山的地区,全体村民一起去开垦

---

① 李海波:《新闻的公共性、专业性与有机性——以"民主之春"、延安时期新闻实践为例》,《新闻大学》2017年第4期。
② 《关于农民文化政治学习的情况与会议意见》,渭南市档案馆,J001-2-181。
③ 《关于农民文化政治学习的情况与会议意见》,渭南市档案馆,J001-2-181。
④ 《西乡县板桥公社刘家岭大队建立读报组的调查报告》,陕西省档案馆,232-1-444。

一块荒地,将生产出来的粮食拿出来订报;(3)全村集体搞一次副业生产,如卖柴、贩炭、割麦、打场等,或抽一个人去搞几次副业生产,其他村民予以辅工,将生产所得利润或工资,拿来订报;(4)每个组多喂一只鸡,将鸡蛋卖的钱拿来订报。① 无论是垦荒、卖柴、贩炭,还是养鸡都属于临时性的措施,对个人的热情与积极性依赖程度较高。但不管怎样,在1952年的时代背景下,它们确实解决了订报费的问题。

可是,偏远地区怎么办?有些农村交通不便,邮局不能直接寄到。一般来说,报纸只能送到县里,县里又经过区、乡两级政府转给农村读报组,有时转的遗失了,有时压下几十天还转不到。时间长了转一次就是厚厚一沓,群众又没时间一下看完,于是就觉得"不如买个书本本方便",不愿意订报了,一些读报组也就因此解散了。还有的流于形式,不能经常读报。为此,一些县区由宣传部牵头,积极探索解决这个问题的方法。如兴平县委宣传部与邮局协同在全县建立了3个大邮圈19个发行站和11个代办所,开通邮路,使报纸能迅速直接送到群众手里,1952年全县已经有70个乡能够看到当日的报纸。再比如周至县组织农村通讯网,从区到乡直至村都建立了报纸宣传站,由群众选出传讯员转送,传讯员所花费的劳力,用记工算账的办法,由全体组员帮助他生产或代他参加公共劳动等来补偿,这样,该县45个乡就有28个乡能看到当天的报纸,路较远的17个乡也可以看到前一天的报纸。②

还有某些山区农村,人口分散、地区辽阔,有些村庄只住两

---

① 《两年来建立读报组的基本情况及经验》,渭南市档案馆,J001-2-181。
② 《两年来建立读报组的基本情况及经验》,渭南市档案馆,J001-2-181。

中篇 历史

三户人家,村与村距离很远,要把几个村的人合起来组织一个读报组,事实上办不到,若一个村单设一个组,又没有识字的人。对此,陕西省宣传部要求,首先,凡是到这些地区去工作的干部,都必须随身带报纸,人到哪儿,报到哪儿,见了群众就念就讲;其次,先在有识字的人的村庄建立读报组,先找到识字的人,经过宣传教育取得本人同意,教给他读报的方法,然后把村里的人组织起来成为一组;最后,选择有积极性的读报组长或读报员,划分区域,分工负责,定期抽空到没有识字人的村子读报,即"流动读报员"。①

"群众运动是中共在革命战争年代形成的非常规政治手段,具有常规行政手段所难以比拟的优越性,在新中国成立后的很长一段时间里……接连不断的群众运动可以帮助党和国家在短时间内有效地动员乡村民众、实现乡村治理。"② 群众运动的策略和模式,一般认为包括"启蒙与唤醒,以政治号召争取群众";"组织及组织化生活,构筑群众性政治运动的物质基础";"实际运作中前紧后松,存在矫枉过正的动机"③,等等。爬梳史料可以发现20世纪50年代初关中农村读报组主要是按照群众运动的思路进行的。

成立读报组的最初推动力来自于宣传部门。1950年起,陕西省宣传部一面责成各级党委宣传部大力建立读报组,一面搞试点,在华县结合土地改革大量发展读报组,两三个月内即建立起

---

① 《两年来建立读报组的基本情况及经验》,渭南市档案馆,J001-2-181。
② 李里峰:《群众运动与乡村治理——1945—1976年中国基层政治的一个解释框架》,《江苏社会科学》2014年第1期。
③ 叶青:《论中国共产党与群众运动模式的运作》,《党史研究与教学》2005年第1期。

650多个组。"国家的在场"与"党政干部的大力支持"是读报组得以普遍建立的重要原因。哪里的党政干部重视和推动此项工作,哪里的读报组就能得到迅速发展。如临潼县的干部重视,1952年全县已有读报组1433个,参加读报的达28000多人,占10岁以上人口的62%,平均每个自然村有4个组。① 不仅如此,村、社干部的重视和支持也很重要,因为读报员没有行政权,安排读报时间和召集农民听报等都必须通过干部,只靠读报员自己很难把农民召集起来。

如果说政治的推动和干部的支持是农村读报组成立的前提,那么广泛发动群众参与读报活动便是关键,这里的"群众"包括两类群体,读报员和听报农民。

激励机制是发动读报员的主要措施。既包括物质上的,比如通过发动群众适当解决他们生产上的困难,给工作成绩好、受到群众欢迎的读报员以适当的物质奖励。还包括精神上的,比如1952年七一节,由省委宣传部、省人民政府、文教厅、陕西日报社联名奖励了4个模范读报单位和15名模范工作者和读报员,起到了"奖励模范,树立旗帜"的作用。总之,团结教育、培养辅导和激励机制,确实是有效地推动了农村读报组的发展。比如淳化县秦家河乡白堡村到1952年9月,就组织了读报组36个,约有听众700余人,发展宣传员47名并办有黑板报30块,广播筒15个。②

更重要的工作是让农民广泛参与读报。除了上级宣传部门和党政领导的动员之外,"社会大讨论"是另一个有效方式。比如《陕西日报》1951年7月组织各地农民以读报组的方式发起了

---

① 《两年来建立读报组的基本情况及经验》,渭南市档案馆,J001-2-181。
② 《关于农民文化政治学习的情况与会议意见》,渭南市档案馆,J001-2-181。

"雷昌恩发家走的哪条路"的讨论,以此为依托,仅长安、富平等五个县即有5000多个读报组参加了讨论。全省参加讨论的,估计有两万多个组。群众来信说,他们"思想上对读报组的重要性有了明确的认识,懂得了建立与巩固读报组的方法","深深感觉参加模范读报组的好处",并都表示"下定决心把读报组工作搞好。"①

群众运动过程中常见的"政治主导""组织推动""激励动员""社会大讨论"等思路和措施在这里均可见到。不仅如此,20世纪50年代初农村读报组实践还呈现出一拥而上、前紧后松、流于形式等特点。

由于各级宣传部门缺乏经验,也未能及时动员,农村地区的很多干部、群众对读报组缺乏了解,读报组发展得很慢,1950年初陕西全省才1900多个读报组。至1950年底,宣传部门采取了上述措施,找到了读报员,获得了地方党政干部的支持,进行了广泛地组织动员,到1951年七一,新增20200多个读报组,到1952年6月底,又新增55500多个,总共达75590多个读报组。②但发展过快导致各地将建立读报组视作政治任务去完成,比如佛坪县三分之二的读报组流于形式,不能经常读报。③宝鸡鸡峰区五乡把35岁以上的人都编入读报组,每组有六七十人之多。读报时哄哄一堂,你说他笑,④收效甚微。还有些地方读完之后就算完事,不进行讨论,所学的知识不用在生产上。因此到1952年8月中旬,省委在各地委宣传部长和报社社长联席会上确定,从当

---

① 《两年来建立读报组的基本情况及经验》,渭南市档案馆,J001-2-181。
② 《两年来建立读报组的基本情况及经验》,渭南市档案馆,J001-2-181。
③ 《两年来建立读报组的基本情况及经验》,渭南市档案馆,J001-2-181。
④ 《关于农民文化政治学习的情况与会议意见》,渭南市档案馆,J001-2-181。

年下半年起，读报组的工作任务调整为"整顿，使不巩固的能够巩固起来，并在巩固的基础上逐渐提高。到明年（1953 年）春季，再根据整顿情况，来确定新的发展计划"①。

当读报组以群众运动的方式开展活动，更多的问题就会显现出来：（一）在形式与内容层面，主要是自上而下地宣传党的政策与意识形态，文件里不断强调要结合农村实际，这也恰恰说明实践中并没有很好地结合村情民情。换言之，读报的内容是外来的，与农村社会的日常生产生活没有多少互动，甚至连读报这一宣传的形式都是新的，农民一下子能不能接受和喜爱？（二）虽然群众被动员起来了，成立了很多读报组，也探索出了解决经费的途径，但是动员之后怎么办？并没有确立一个长效机制保障读报组的运行。换言之，在 20 世纪 50 年代初，农村读报组并没有深度嵌入社会结构，而是以群众性运动的形式漂浮于社会结构之上。（三）团结和培养一批农民知识分子，使他们既识字又有一定的政治觉悟和服务意识，需要一定的时间，不可能一蹴而就。更何况"各地均未有意识地采取各种办法对农村识字的农民加以培养"②的现象大有存在。

建设社会主义离不开人民群众。对政党或国家来说，马克思主义的意识形态如果不能被群众理解和支持，不能深入人心，将很难完成社会主义改造，更罔论发展社会主义经济；对农民群众来说，在新的国家，他们感受到了新的文化和新的气象，随着农业生产的恢复、生活的逐步改善，他们对文化娱乐、科学知识和思想教育都表达出了更高的诉求。无疑，读报组是一个可以深入

---

① 《两年来建立读报组的基本情况及经验》，渭南市档案馆，J001-2-181。
② 《关于农民文化政治学习的情况与会议意见》，渭南市档案馆，J001-2-181。

农村，让群众参与，教育群众，并实现群众自我教育的有效方式。只是，读报组活动的经常性如何保证？

第二节 读报组的经常化与制度化

一份关于农村读报组的调查报告提到要"使读报工作做到经常化制度化"①，如何做到？这需要从20世纪50年代中期的农村俱乐部说起。

1955年4月陕西省召开了第一届文化行政会议，要求各地农村文化馆、站逐步把主要力量转向组织和辅导俱乐部工作。② 因为农村合作化事业迅速发展，给农村文化工作提出了新的要求，因此要"大力发展农村群众业余文化活动综合性的组织——俱乐部"③。1956年，西安市计划建立农村俱乐部564个，咸阳市18个，咸阳县323个，鄠县321个，长安县768个，铜川县270个，渭南专区7382个，宝鸡专区7235个。④ 事实上，截至1957年1月，陕西省83个县、市，建立了13211个农村俱乐部。⑤

什么是农村俱乐部，在上一章中已经介绍过了，俱乐部不是临时的群众活动小组，而是在农村合作化过程中产生的综合性的文化常设机构。其中，读报组就归口到文艺宣传股。换言之，读报组是农村俱乐部的一个常态化与制度化的内设机构。也就是

---

① 《西堡障大队是怎样开展订报活动和队队建立读报组的》，渭南市档案馆，J001-2-1073。
② 《加强对农村群众文化艺术活动的领导，大力发展农村俱乐部》，陕西省档案馆，232-1-8。
③ 《陕西省1956年至1957年农村文化工作计划》，陕西省档案馆，232-1-17。
④ 《陕西省1956年至1957年农村文化工作计划》，陕西省档案馆，232-1-17。
⑤ 《1956年工作总结和1957年文化工作计划》，陕西省档案馆，232-1-45。

说，自1955年起，读报组被纳入国家文化宣传体制，成为最基层的开展业务的活动单位。因此，可以认为农村俱乐部的建立是农村读报组从群众运动走向制度化的关键一步。

由此，我们可以看到两个趋势：第一，读报组不再孤军奋战，它有很多合作伙伴，比如秧歌、戏剧、快板、说书、广播、板报、幻灯、讲座等等，这里既有农村传统的文化形态，农村的风俗习惯和民间文化被尊重了，也有报刊、广播、幻灯、电影等新的媒体形态，两者通力合作，有机融合，共同服务于农民的生产生活与社会主义建设。第二，读报组已经抵达农民日常生产生活的维度，成为一种仪式。读报活动能结合农村生产生活的实际，配合村庄的中心工作，读报与入社结合起来，通过读报的方式团结社外群众，让社外群众对合作社产生感情，并向往社内群众的文化生活，从而更接近和积极要求入社；反过来，农民组织起来，合作社壮大了，也就更能保障读报组的经常性运转。此外，读报组也更注重根据群众的年龄、性别和兴趣来组织读报内容，采取"一读二讲三讨论"的方法，让听报群众更好地领会文章精神、学到知识，同时注意坚持业余原则，即读报不耽误生产。

"每个大队、生产队都会订阅报刊，一般来说大队的报刊是《人民日报》《光明日报》和《红旗杂志》，两报一刊；生产队订阅省一级的《陕西日报》《陕西农民报》和《陕西科技报》。报纸直接送到大队长和生产队长家中，队长看完之后放在办公室，让普通社员阅览。但社员一般不会主动去阅读报纸，经常到生产队办公室看报的人是固定的一小批积极分子。……到了晚上，还要读报学习政治。开队会一般是隔几天或者十几天，要把贫农代表叫上，他代表贫下中农的意见，和现在的人大代表很像。开会

中篇 历史

时,生产队长要召集全队人一起学习,大家自己带上小板凳,主要学习报纸社论,队长常常去公社开会,开完会回来就在生产队的会议上传达上级精神,主要形式是队长宣读。"①

"大跃进的时候,村里安装了几个喇叭,水井房一个,生产队两间办公室的门外空场上一个,还有其他公共场所一个。在每天早晨起床以及吃饭的时候,大喇叭就响了,转播收音机的新闻和文艺节目。"②

由此可以看出,读报活动已经融入生产队的日常生产生活中了,即便没有读报员,读报也会由生产队长完成,且被作为政治学习的日常仪式。而且,读报不仅有现场宣读、讲解的方式,还会通过村里的大喇叭、收音广播等方式进行传播。通过夜晚开会读报和早晨广播报新闻,一个热火朝天的时代图景勾勒尽显。

在1956年前后,关中农村读报组用实践探索出一条从群众运动到制度化常态化的运行模式,将读报组纳入国家文化体制,成为合作化运动进程中文化领域的标准配置,有固定的组长和机构设置,如此,读报组开展活动就有了制度保障。同时,读报不是可有可无的临时活动,而是定期举行的日常仪式,其内容也与农村彼时的生产生活密切相关,有时甚至能解决生产中出现的问题,推动社会发展。

某种程度上讲,20世纪50年代中期农村俱乐部和读报组的实践对群众运动的成果"难以制度化、常规化,只能以接连不断

---

① 访谈:颜生文,2008年7月27日。颜生文,曾长期担任吕塬大队书记,刘塬生产队隶属吕塬大队。
② 访谈:刘兴文,2008年7月27日。刘兴文,刘塬生产队业余剧团艺人,为20世纪50年代识字农民青年。

的新运动来维系,从而在社会变革的动力与社会运行的常态之间,形成了难以消解的矛盾"① 这一重要问题给出了自己的答案。

第三节 读报组的当代启示

在党的新闻事业发展史中,"读报组"留下了浓重的一笔。"重新梳理和思考读报组的发展历程,对于思考在社会急剧转型、各种矛盾交织的今天,党报如何……更好地发挥作用,具有很大的现实意义和理论价值。"② 从新闻史的角度,可以梳理出20世纪50年代农村读报组经历了从群众运动到制度化常态化的转变;在理论层面,它则作为群众参与新闻实践的典型案例,为今天媒介中心主义和新闻专业主义的发展路径提供了一种新的思考。

首先,常态化不仅需要制度的保障,更需要人的主体性。读报组实践启发我们乡村媒介活动当以群众为主体,充分调动群众的积极性,使他们以主人翁的姿态参与社会建设,不仅能践行群众路线,而且能消化社会矛盾,还能激发潜藏在社会深处的正能量和价值感。

比如20世纪50年代长安县东祝村的读报员常常把报带到田间,利用休息时间阅读,还把破屋子改造成了图书室,4个识字青年义务担任管理员,建成"屋顶广播",每周二、四、六晚上轮流播讲国内外大事和村里的生产情况,还有黑板报、漫画,每

---

① 李里峰:《群众运动与乡村治理——1945—1976年中国基层政治的一个解释框架》,《江苏社会科学》2014年第1期。
② 王晓梅:《建国初党报领导下的"读报组"发展探析——以建国初〈解放日报〉"读报组"发展为基本脉络》,《新闻与传播研究》2010年第6期。

中篇 历史

周一期……①如果没有一定的主体性觉悟，仅仅靠群众运动式的动员，是很难做到的。青年读报员不是照本宣科的读报，而是有情感、有温度，以问题为导向，读报方式讲究灵活多样，他们"避免平铺直叙地念文件，结合讲解，视内容篇幅的不同，采取边读边讲，先读后讲，对篇幅过长的只讲大意，不读全文。讲解时结合实际，有鼓动气氛，启发群众共鸣。当群众在听讲中纷纷议论时，就顺势引导讨论，不必勉强再读下去，对尚未读到的精神，则结合讨论进行补叙"②。比如在读秋收秋播相关的文章时，刘家岭大队的读报员就引导群众逐项排查各项准备工作，引发群众热烈讨论，他们发现大队在种子、库房、牲畜、场地等方面都存在一定的问题。队长听到这些意见，当晚就召开队委会，落实各项工作。

广播有广播员、报纸有读报员、电影有放映员，他们的身份都是农民。他们以人为媒介，把内部的、外部的故事内容和传统的、现代的媒介形态都整合起来，嵌入到农村社会结构之中，共同服务于20世纪50年代的农村社会转型和社会主义建设。通过农村俱乐部和读报组，在20世纪50年代的农村新闻传播与文化实践中，农民获得了与其政治经济身份相匹配的文化身份，以文化主体的身份登上了社会和历史舞台，在这里农民自己"创造了一个可供自我认同的崭新的农民主体形象"。③ 以史为鉴，我们也可以反思，当代媒介抵达乡村社会，是否还有这样的深度？是否

---

① 《长安县东祝村农村俱乐部是怎样办起来的》，陕西省档案馆，232－2－8。
② 《西乡县板桥公社刘家岭大队建立读报组的调查报告》，陕西省档案馆，232－2－444。
③ 倪伟：《社会主义文化的视觉再现——"户县农民画"再释读》，载罗小茗主编《制造"国民"：1950—1970年代的日常生活与文艺实践》，上海书店出版社2011年版，第263页。

还有这样的结构性互动？是否还能够调动起群众广泛的积极性和参与性？

其次，读报组践行的是一种群众广泛参与的、业余的新闻实践模式，这与新闻专业主义截然不同。读报组实践中，人是业余的，读报员不是记者、编辑，甚至连通讯员都不是，而且识字水平比较有限，主要是热情和信念支撑他们完成这项工作，而不是专业主义，他们的主业是农业生产劳动；读报的时间、地点也都是业余的，他们经常是在田间地头，利用农民的休息时间读报，有的地方规定，读报只能占劳动休息时间的1/3；或者是在晚上的政治学习和生产大会之前，群众陆陆续续到来，但尚未到齐的空隙读报……

但正是这种业余的方式推动了社会转型发展和行业制度的完善，促进了社会主义制度在中国的建立。这启发我们思考：专业主义的发展路径是不是人类社会或文化发展的唯一路径，是否存在另外的可能性？业余，因其不是主业，就不会追求经济利益的最大化，从而保证了文化宣传活动的相对纯粹性，以及区别于资本主义文化工业的独立性；业余，挑战了脑力劳动和体力劳动日益分化，以及体力劳动者和脑力劳动者缺乏交流沟通的现实的社会结构，重返马克思"生产者联盟"或"劳动者联盟"。至少在20世纪50年代，读报组建立了农村脑力劳动和体力劳动统一于日常生产生活实践的沟通机制。也在某种程度实现了马克思所期望的"上午打猎，下午捕鱼，傍晚从事畜牧，晚饭后从事批判"①，在这里，猎人、渔夫、牧人和谈判者、诗人的身份是可以在一个人

---

① 《马克思恩格斯选集》（第1卷），中共中央编译局译，人民出版社1995年版，第85页。

身上实现统一的。如同在读报组,很难说一个人是读报员、通讯员,还是农民,因为其身份是多重的,又是统一的。从这个意义上讲,关于业余性的启示,为我们在网络社会语境下展开超越城乡分野和脑体分工的新形式的生产和生活方式,提供了一个历史的参照。当然,这是一个与数字资本主义语境下的"996"式和"消费—生产者"式生存方式完全不同的愿景。

所以,业余性在某种程度上重启了当代社会知识分子、白领、中产阶级与工人、农民相联结、并进而有机统一的进程,成为一个模糊的中间地带。传播即联结,可赋予日益僵化的社会结构更多的"可沟通性"。

第六章　农村广播：新闻参与社会治理的故事*

20世纪50年代，广播作为"新媒体"来到乡村地区。农民为什么会接受，以及如何接受这么一个会说话的"黑匣子"？我发现，除了用播出戏曲等方式增加"亲和度"来吸引群众，更重要的是，它深度地参与了社会治理。这里的社会治理，不仅仅在大众媒介与政治中心工作的关系层面展开，不是简单的配合中心工作宣读新闻、宣传政策；广播在更为深层的社会结构层面，解决村民在生产生活中遇到的困难，逐渐改变了村民的观念；但最为重要的是，广播将传统村民引向了现代，个体与遥远而抽象的国家、民族、社会主义、未来等概念发生了具象的联结。从这个意义上来说，20世纪50年代和60年代广播进入农村故事，就是新闻参与社会治理的故事。

第一节　作为新媒体的广播进入农村

1950年4月23日，中央人民政府新闻总署在《人民日报》

---

* 本章主要参考沙垚、张思宇《作为"新媒体"的农村广播：社会治理与群众路线》，《国际新闻界》2021年第1期。

公布了由胡乔木签发的《新闻总署关于建立广播收音网的决定》，"为中国广播事业发展提供了发展方向和制度支持"①，也拉开了新中国广播在广大基层和农村地区建设的序幕。这里的农村广播，一般来说，指的是无线广播和有线广播。

无线广播，无论在广播电视史、新闻传播史，还是中国革命史上都发挥过重要的作用。"无线电广播事业是群众性宣传教育最有力的工具之一，在我国目前交通不便、文盲众多、报纸不足的条件下，作用更为重大。"②无线广播的优点在于，只要是有无线电信号覆盖的地方，均能收听广播。

一般来说，无线收音机进入农村有三种常见方式：一为赠送，《宁波日报》报道，1955年宁波收到国务院免费赠送的73架收音机，并利用这些收音机在生产合作社建立起收音站。③二为购买，一些有经济条件的村庄，可以自行购买收音机。三为流动，比如为了更好地传播河北省电台1950年配合宣传抗美援朝的节目，"广大收音员纷纷行动起来，有的挑起扁担，前筐装机器，后筐装电池，上山下乡；有的骑上自行车，身背机器，游乡串户；有的骑上骏马，带上收音机奔走坝上草原"。④

无线广播的缺点是容易受敌台干扰，且由于广播发射机功率存在问题等原因，如1950年全国广播电台发射总功率仅有272千瓦⑤，

---

① 林颖、吴鼎铭：《中央人民政府新闻总署关于建立广播收音网的决定》，《新闻界》2015年第21期。

② 中央人民政府新闻总署：《新闻总署关于建立广播收音网的决定》(1950)，载北京广播学院新闻系《中国报刊广播文集（一）》，北京广播学院新闻系1980年版，第203页。

③ 《宁波大众》1955年11月18日第1版；转引自李乐《听觉的社会主义化：1949—1962年浙东乡村的广播动员》，《中国广播电视学刊》2013年第8期。

④ 《当代中国的广播电视》编辑部：《广播电视史料选编之四：中国的有线广播》，北京广播学院出版社1988年版，第283页。

⑤ 《当代中国》丛书编辑部：《当代中国的广播电视》(上)，中国社会科学出版社1987年版，第27页。

无线广播信号常常不稳定，一些偏远地区甚至接收不到信号。因此，无线广播很难在20世纪50年代成为农村广播的主流。

从20世纪50年代中后期开始，农村广播事业的发展重点相应地转移到了有线广播。1955年中央广播事业局发布《关于今明两年在全国有条件的省、区逐步建设农村有线广播的指示》，提出发展农村有线广播，左荧也认为"发展农村有线广播是建设农村收音网的方向"[①]。随后，全国各地进入了有线广播建设的高潮。因此，有线广播并不是在无线广播的基础上发展起来的，相反，有线广播尝试以技术的方式去解决无线广播推广过程中遇到的困难和弊端。

对于有线广播喇叭来说，进入乡村社会主要分为四个步骤，一为建立县区广播站，二为解决基层广播站的技术问题，三为架设广播线路，四为安装广播喇叭。到1954年底，全国已经建成"县广播站547个，中小城镇广播站705个，有线广播喇叭49854只"[②]。到1958年底，以山东为例，全省各市、县都建起广播站，90%的公社、80%的大队、50%的自然村通了广播，广播喇叭发展到1.34万只，架设专线4900多公里。[③]

国家推动广播进入农村，表面上看，先后了经历了无线广播和有线广播两个阶段，呈现出此消彼长的替代关系。但事实并非如此，由于乡村分布较为分散，地处偏远，当上级的无线广播信号抵达县级广播站时，需要转由有线广播将信号和内容输送入

[①] 左荧：《发展农村有线广播是建设农村收音网的方向》，载赵玉明主编《风范长存：左荧纪念文集》，中国传媒大学出版社2005年版，第47页。
[②] 赵玉明：《中国广播电视通史》，中国广播影视出版社2014年版，第196页。
[③] 山东省地方史志编纂委员会：《山东省志·广播电视志》，山东人民出版社1993年版，第3页。

村。在很长一段时间里,"各县有线广播站既是县一级党政机关的宣传工具,又是上级无线电台的延伸和补充。它们以大部或近半的时间,转播上级无线电台的节目"①。因此,有线广播和无线广播呈现出互补的衔接关系,丰富了农村广播网的建设。

但这并不是农村广播网的全部情况,以陕西省为例,到1957年底才有28200个喇叭,这与彼时陕西省的村庄总数悬殊较大,意味着很多村庄暂时还不能纳入有线广播网络。即便到1966年春,全国有线广播喇叭也才普及到77%的人民公社、54%的生产大队和26%的生产队。②而有线广播无法覆盖的村庄往往交通闭塞,无线广播也很难到达。如何打通"最后一公里"?或许可以从乡村内部寻找答案。

当自上而下的广播网络难以完全下渗到各个村落时,一种根植于乡村系统内部的广播形式——屋顶广播,应运而生。正如上文所言,建设无线广播、有线广播需要配备相应的基础设施,相较之下,屋顶广播是一种"小而灵活"的信息传播手段,加之"诞生"于村庄内部,因此这一广播形式在新中国成立初期农村广播网络建设的研究中经常被忽略。

根据一些历史档案的提示,广播筒/土广播是新中国成立初期农村广播系统中重要的终端媒介。所谓"广播筒",即用纸壳或铁皮卷成喇叭形状的传声工具;所谓"屋顶广播",主要由"干部、学生傍晚站在屋顶上",拿着广播筒,用喊话的方式传播消息。③作家贾大山回忆(河北正定县),"黑夜里,十几个青年

---

① 陕西省地方志编纂委员会:《陕西省志·广播电视志》,中国广播电视出版社1993年版,第1页。
② 赵玉明:《中国广播电视通史》,中国广播影视出版社2014年版,第244页。
③ 宁晋县地方志编纂委员会:《宁晋县志》,中华书局2000年版,第997页。

人，分散在一个一个屋顶上，放声地喊。领头的端一盏油灯，拿一个文件，他喊一声什么，别人也喊一声什么，一声一声传下去。那喊声很大，很野，但是很神圣"①。由此可以看出，对于"屋顶广播"来说，所谓的"进村"，一是要协调好与无线广播、有线广播的衔接工作；二是要找到几个嗓门洪亮、识字且咬字清楚、愿意"喊广播"的人，如此便能完成主体工作。

  这是一种我们今天很难想象的乡村新闻传播的方式。虽然其传播范围和传播效果十分有限，而且（山西省临汾地区）"喊广播的技术不高，听不清楚，群众说'像鬼叫的一样'"②，但这却是新中国成立初期很多偏远农村地区获取新闻和政策资讯的主要方式之一。除了上面提到的山西省临汾地区，河北省宁晋县、正定县，我们至少还看到在北京市房山区③，广西恭城县、平南县、罗城县④等地区的地方志中均有关于屋顶广播的生动记载。以至于陕西省在《关于发展和提高农村俱乐部的初步意见》中专门提到"广播工作（包括广播筒，有线广播和无线收音机等），除国家有计划的在农村发展无线电收音站和无线电广播站外，……应充分利用简单易行的土广播（广播筒），定期播送新闻消息和各种文艺节目"⑤。

  屋顶广播始于中国共产党早期的新闻宣传实践，根据陕西省《阜平县志》记载，最晚到抗日战争时期已经出现了屋顶广播⑥，

---

① 贾大山：《梦庄记事》，中国工人出版社2014年版，第40页。
② 《乔李村的广播》，华东师范大学当代文献史料中心，Acu 0357-001-027。
③ 房山区政协文史工作委员会：《房山文史·第十二辑》，房山区政协文史工作委员会（未出版）1999年版，第95页。
④ 广西壮族自治区地方志编纂委员会：《广西通志·广播电视志》，广西人民出版社2000年版，第114页。
⑤ 《关于发展和提高农村俱乐部的初步意见》，陕西省档案馆，档案编号：232-1-17。
⑥ 阜平县地方志编纂委员会：《阜平县志》，方志出版社1999年版，第222页。

中篇 历史

中共冀晋区党委1947年的文件中也明确要求利用农村的屋顶广播传达土改的各种事项和要求。① 屋顶广播止于何时,并没有明确而统一的说法,但我们至少可以看到直至20世纪70年代中期,内蒙古正蓝旗的牧民们依然依靠屋顶广播获取政策信息。② 故我们大体可以推断,有线广播普及后,屋顶广播也就自然而然地退出了历史舞台。以1949年为起点,约30年的时间里,在广大中西部及偏远农村地区,屋顶广播是新中国成立初期农民获取新闻资讯的重要方式之一。

因此,讨论20世纪50年代广播如何进入农村,至少在广播形式上需要兼顾无线广播、有线广播和屋顶广播,在很长一段时间里,三者共同构成了农村广播网络,呈现互补和延伸的关系,而非互斥或替代关系。也唯有这三种广播形式有机结合,共同嵌入到乡村社会的不同层面、不同区域,才能最大限度地提高信息的覆盖率和传播效果,使得作为新媒体的广播真正进入农村。

20世纪50年代,广大农村地区技术落后、物资匮乏,能够建立农村广播网诚非易事,讨论广播如何进入农村,固然要强调"物理空间"层面的进入,但时过境迁,对于今天来说,更具启发意义的还在于"机制"层面。究竟是何种原因,基于何种机制,新中国成立初期的广播网络能够以如此之快的速度在广大乡村地区建立?重返历史,从"机制"层面大致可以概括出以下三条路径:

路径一,以人为"媒介"。没有具有文化主体性的人,20世纪50年代广播很难如此迅速地进入农村。无论是哪一种广播形式

---

① 河北省档案馆、西柏坡纪念馆编:《西柏坡档案·第4卷》,河北人民出版社2017年版,第22页。
② 郭海鹏:《我的家乡正蓝旗》,内蒙古科学技术出版社2016年版,第189页。

进入乡村，都离不开收音员/广播员。上一节在分析读报组时提到，以人为媒介，把内部的、外部的故事内容和传统的、现代的媒介形态都整合起来，嵌入到农村社会结构之中，共同服务于20世纪50年代的农村社会转型和社会主义建设。黄艾也看到了"几万名收音员肩挑收音机下乡组织农民收听"的艰苦，认为这将成为人民群众最朴素最永久的印记。① 潘佼佼看到并强调了"赤脚广播员"和"土记者"制度在农村有线广播网运转中的积极作用，"每个站点都配备了收音员，他们承担着记录与组织的双重功能"②。

屋顶广播作为一种完全依靠人工的广播形式，需要喊广播的人具备一定文化水平，且有一定的组织性。山西省临汾市乔李村1949年只有5个广播员，1951年增加到7个，到了1957年逐渐发展到27个，"制度严肃，专人负责按时广播"③，取得了较好的效果。长安县东祝村，在创办农村俱乐部的过程中大力发展屋顶广播。

> 原有两人的负责，实际只有一人偶然播一次，大多照陕西农民报时事摘要念一念。由于广播员文化水平有限，常碰到生字，结结巴巴，听不明白。鉴于这种情况我们吸收了高小专业学生和在乡知识青年四人分成两个小组，每周二、四、六轮流播讲国内外大事，以及村社的生产情况，避免了人少形成负担，同时使广播员有了充分的熟悉广播材料的机会。④

---

① 黄艾：《"人民本位"：建国初期广播事业的"公共"话语实践》，《现代传播》2014年第12期。
② 潘佼佼：《扩散、转型与流变：对中国广播发展历程的回溯》，《现代视听》2019年第9期。
③ 《乔李村的广播》，华东师范大学当代文献史料中心，Acu 0357-001-027。
④ 《长安县东祝村农村俱乐部是怎样办起来的》，陕西省档案馆，档案编号：232-1-8。

中篇 历史

路径二,依托横向与纵向的"组织"。无论是收音站、广播站,还是屋顶广播都离不开组织,事实上,全国的广播系统是一个统一的、完整的组织体系,中央台、省台、县站和乡站构成了分层次的传播结构。①

除了广播系统自身纵向的组织性之外,有线广播之所以能够在中国农村迅速铺开,其深层原因在于它与农村组织化进程同步——一种横向的、与社会镶嵌的组织性。一方面,广播可以把中央的声音以最快的速度传播到全国每一个角落②,它是最为合适的推进农业合作化和农村组织化的宣传动员工具,比如江苏宿迁古城人民公社的党委书记提到:"过去要传达一个工作指示,一般要两三天,最快也要两三个小时,还只能传达到大队。有了广播站,情况完全变了。"当地有这样一个歌谣歌颂广播:有了广播真正好,开会不再来回跑。喇叭下面喝碗茶,会议精神领会了。③ 另一方面,从初级社、高级社到人民公社也为媒介传播网络——尤其是农村广播网络——"在乡村社会的发展提供强有力的经济支撑和组织依托"④。因此,"农村有线广播的最初发展与农业合作社是相辅相成的"⑤。

路径三,多种媒体形式互动的融合网络。陕西省委宣传部1952年在《关于加强广播、收音站工作的指示》中要求各地收音

---

① 李盛:《有线广播与乡村动员(1952—1983)——以中央人民广播电台为主要视角》,硕士学位论文,兰州大学,2012年,第11页。
② 《人民日报社论全集》编写组:《人民日报社论全集解放战争时期、国民经济恢复和社会主义改造时期(1948年06月—1949年09月)》,人民日报出版社2013年版,第140页。
③ 郁启祥:《江苏人民公社广播站的发展和作用》,《新闻战线》1959年第7期。
④ 李乐:《农村人民公社初期的媒介传播网络——以浙东地区为视点》,《浙江理工大学学报》2015年第12期。
⑤ 李盛:《有线广播与乡村动员(1952—1983)——以中央人民广播电台为主要视角》,硕士学位论文,兰州大学,2012年,第14页。

站、广播站"经常而又迅速地供给黑板报,土广播以及党的宣传网以宣传资料,因此必须办好油印报"①。《陕西省志·广播电视志》提到,1953年陕西的镇巴等八个县一年里出了油印报71000多份,及时给黑板报和"土广播"站等宣传点提供了宣传材料。②山西临汾地委宣传部的一份文件也提到广播可以"供给报告员,宣传员,黑板报的材料"③。"油印小报"主要是在正式发行的报纸和广播都无法抵达的边远地区传播,没有刊号,内容多为广播员、宣传员有选择地根据广播内容抄写、记录的新闻和信息,作为广播的一个补充性的传播手段而存在。

除了油印小报,为了确保中央和上级的政策、新闻能够渗透到乡村的各个角落,农村宣传员还会将有线广播和无线广播同其他形式的在地化传播媒介充分结合,如黑板报、墙壁画、屋顶广播、幻灯机等,真正打通了农村信息传播的"最后一公里"。与此同时,由于广播是以声音为载体的媒介,稍纵即逝,无法储存,所以油印小报、黑板报等则以文字的方式来弥补声音的不足,确保传播的持久性和有效性。某种程度上构成了彼时中国农村的媒体融合传播。

在坚持"以人民为中心",重启农村新型合作化进程,以及自上而下推进基层媒体融合的当代,回顾20世纪50年代广播进入农村的历史路径,可以发现,一种新兴媒介需整合兼顾官方与基层的多重力量,发挥人民群众的文化主体性,以人为媒介,充分调动存在于乡村社会的内生性力量,依托横向与纵向的组织,

---

① 《省委宣传部关于加强广播、收音站工作的指示》,渭南市档案馆,档案编号:J001-2-181。
② 陕西省地方志编纂委员会编:《陕西省志·广播电视志》,中国广播电视出版社1993年版,第262页。
③ 《中国临汾地委宣传部三个月的广播收音工作报告》,华东师范大学当代文献史料中心,Aa 0357-012-054。

融合多种传播形态,方能更好地嵌入到乡村社会内部结构之中,这对于县级融媒体建设乃至新媒体时代下的乡村振兴都具有借鉴和启发意义。

第二节 农村广播的社会治理与深层互动

21世纪以来,中国农村进入数字时代,这是由"国家决策和市场导向"所推动的,在国家、技术和发展的话语之下,"社会层面"却常常被"忘却"了[1]。农村就算是人人有手机,家家有电脑,24小时能看到卫星电视,又能怎么样呢？赵月枝教授看到的却是一些农村青年和小镇青年感到人生的虚无,利用互联网相约自杀的故事。[2] 因此,新媒体进入农村的关键并不在于技术与器物层面,而在于,村民"正在用媒介做什么？"[3] 或者说,"被置于前台的媒介是如何被应用,如何形塑社会生活,在媒介里流通的意义如何产生社会影响"[4]。或如罗杰·西尔弗斯通（Roger Silverstone）在《电视与日常生活》一书中提出电视正在嵌入日常生活的多重话语中,不能简单地将之视为媒介技术,也不能简单地认为它有益还是有害,而是要关注媒介所参与的各种层面的社会现实,尤其要理解其中的权力和意义。[5] 这就要求我们从社

---

[1] 赵月枝:《传播与社会:政治经济与文化分析》,中国传媒大学出版社2011年版,第245、252页。

[2] 沙垚:《重构中国传播学:城乡视野、历史实践与农民主体性——传播政治经济学者赵月枝教授专访》,《新闻记者》2015年第1期。

[3] [英]尼克·库尔德利:《媒介、社会与世界:社会理论与数字媒介实践》,何道宽译,复旦大学出版社2014年版,第39页。

[4] [英]尼克·库尔德利:《媒介、社会与世界:社会理论与数字媒介实践》,何道宽译,复旦大学出版社2014年版,第7页。

[5] [英]罗杰·西尔弗斯通:《电视与日常生活》,陶庆梅译,江苏人民出版社2004年版,第2页。

会文化史的视角，进入不同的历史断面，去讨论媒介/新闻、主体、社会之间的互动，而这种互动，某种程度上说，就是治理。

长期以来，对于20世纪50年代广播的研究基本是按照广播电视事业史的脉络进行的，如赵玉明主编的《中国广播电视通史》①、郭镇之的《中外广播电视史》②、哈艳秋的《当代中国广播电视史》③等，其中关于新中国成立后广播建设与广播活动的历史性介绍与讨论主要是围绕历次政治事件展开的，如广播如何进行大跃进宣传，困难时期如何调整等。具体到农村广播，其大多被置于"宣传下乡"④"广播下乡"⑤或"听觉的社会主义化"⑥等框架之下，广播被简单理解为一种自上而下的宣传工具，这一媒介形式，便于在意识形态认同层面将广阔而偏远的乡村纳入社会主义国家化的版图。此类研究具有较高的史学价值，但问题在于，其一，没有看到20世纪50年代广播与乡村社会的互动并非单线性的宣传活动，而是多层次、多方面的社会治理的参与；其二，对于新中国成立初期广播史的研究，大多止于史料的梳理，与当代对话的问题意识不强。

20世纪50年代的农村广播是一种"新媒体"，这里的"新"是相对于彼时的舞蹈、民歌、民谣、绘画、传说、木偶戏、地方戏曲、板报或墙报等"传统媒体"而言的。重返历史语境，报纸、广播、杂志等基于现代传播技术的媒介属于"外来媒介"，

---

① 赵玉明主编：《中国广播电视通史》，中国广播影视出版社2014年版，第210—248页。
② 郭镇之：《中外广播电视史》，复旦大学出版社2008年版，第169—180页。
③ 哈艳秋：《当代中国广播电视史》，中国国际广播出版社2018年版，第71—116页。
④ 徐勇：《"宣传下乡"：中国共产党对乡土社会的动员与整合》，《中共党史研究》2010年第10期。
⑤ 潘祥辉：《"广播下乡"：新中国农村广播70年》，《浙江学刊》2019年第6期。
⑥ 李乐：《听觉的社会主义化：1949—1962年浙东乡村的广播动员》，《中国广播电视学刊》2013年第8期。

表征着现代性,可以便捷地把声音或文字传播到千里之外,或无限复制,这意味着乡村传播从人际传播时代迈入大众传播时代。秉持"新媒体"视角,一方面可以跳出广播事业史的传统范式,从"事件—过程"的角度去讨论广播作为一个外来的、新生的媒体形式如何进入乡村,如何与乡村社会、乡村文化发生碰撞与互动。另一方面,每一个时代都有自己的新媒体,在不同历史层面分别讨论新媒体与社会的互动,可以为当下的新媒体研究延展历史的长度,增加历史的比照。

广播具有多种社会功能。比如迅速传播党的方针政策,公社党委可直接通过广播指挥生产和布置工作等;① 有助于整合农民与国家的关系、普及新观念和新文化、促进科学知识和技术在农村的推广。同时,潘祥辉提到得益于广播,"声音"与"倾听"被广泛地应用于农村治理。② 这启发我们去思考在20世纪50年代背景下广播的社会治理功能。

如何理解媒介的社会治理?全球治理委员会在《我们的全球伙伴关系》报告中提到,治理的基础"不是控制,而是协调",以及"持续的互动"。③ 文化/传播治理要注重"多元行动主体"的"互动合作"。④ 传媒天然包含了"社会协调"的功能,可以把政府、政党、民众、社会组织置于同一个界面上,每一种治理主体都尽可能地使用媒介⑤,共同参与社会管理,最大限度地增

---

① 郁启祥:《江苏人民公社广播站的发展和作用》,《新闻战线》1959年第7期。
② 潘祥辉:《"广播下乡":新中国农村广播70年》,《浙江学刊》2019年第6期。
③ 全球治理委员会:《我们的全球伙伴关系》(Our Global Neighborhood),牛津大学出版社1995年版,第2—3页。
④ 王前:《理解"文化治理":理论渊源与概念流变》,《云南行政学院学报》2015年第6期。
⑤ 车凤:《中国新闻媒体社会治理功能研究》,中国传媒大学出版社2014年版,第30页。

第六章 农村广播:新闻参与社会治理的故事

进公共利益。① 在本章中,我们讨论的社会治理的语境是广播作为一种新媒体,它是如何协调、调动20世纪50年代存在于农村社会的各种主体和关系,使它们"持续互动",并共同参与到社会主义建设之中。

进入乡村后的广播如何与社会进行互动?至少可以从两个层面理解。首先,这里的互动不能简单认为是农民和政府之间双向的信息流动,而应该是广播对农村生产生活的介入,是媒介在社会结构层面的嵌入与互动。其次,如果将社会治理理解为乡村各主体间持续的互动,那么广播则为各主体提供了媒介化的平台。换言之,以平台的方式参与治理是一种更为深刻的互动。

以文化娱乐的方式服务群众,以服务群众的方式引导群众。广播在乡村的普及和推广并非一帆风顺,作为一种新的媒介形态,为了让村民们接受广播,需要将广播内容与农民喜闻乐见的文化形式结合起来,比如传统戏曲。换言之,广播最初在农村是通过参与村民文化娱乐的方式被接受的,也无怪乎20世纪50年代广播曾一度被称为"戏匣子",它以丰富乡村文化生活的方式,调动村民们的积极性和热情。

在1955年至1956年间,陕西省广播台的《农村节目》一度改为50分钟,20分钟的文字节目,30分钟的文艺节目。"文字节目和文艺节目交叉编排,说一段唱一段,再说一段再唱一段……是想在有限的时间里,让农民既能听到新闻、了解时事,又能欣赏文艺,调节生活。"② 等到农民习惯了广播之后,这种做法就

---

① 周劲:《传媒治理:理论与模式的中国式建构》,人民出版社2008年版,第280页。
② 陕西省地方志编纂委员会:《陕西省志·广播电视志》,中国广播电视出版社1993年版,第103页。

停止了。另外，在渭南市的档案中也有关于有线广播喇叭的类似记录。

> 记得在这里刚刚安上喇叭的时候，群众对蒲剧非常感兴趣，一放开了戏，喇叭下面就围上了不少的人，一广播文字节目，群众就逐渐离开了喇叭。自从对广播宣传工作加强领导后，不少群众便逐渐和小喇叭建立了深厚的感情。……群众普遍感觉过去光听戏，现在可不行，新闻讲话全要听，不听误了大事情，到晚上人就更多了，广播下面一大群，一直到广播结束才散去休息。①

综上可知，广播播放戏曲等文艺节目，一方面是为了提供文化娱乐，服务群众；另一方面，服务群众是为了引导群众。只有群众接受了广播这种新生事物，或者说，只有当群众自觉聚集到作为新媒体的广播平台之上，才有可能引导群众，实现与群众的互动，而不至于招来厌恶反感。由此观之，想要在今天的县级融媒体中心建设过程中"服务群众，引导群众"，也只有通过提供好信息服务、公共服务的方式，吸引群众重新关注基层融媒体平台，在此基础上才能增强传播力和舆论引导力。②

从更深层面理解，选择戏曲等传统文艺形式作为广播进入农村的切入点，涉及20世纪50年代初在意识形态领域的一个结构性问题，即社会主义新文化与传统文化如何互动，这是彼时农村

---

① 《宣传工作会议材料之四—活跃在伍级管理区的广播收听工作》，华东师范大学当代文献史料中心，B 0357-045-051。
② 栾轶玫：《从"两个喉舌"到"两个服务"——马克思主义新闻观的当代新发展》，《南京政治学院学报》2018年第6期。

文化治理面临的主要矛盾。中共八大的态度是"对于我国过去的和国外的一切有益的文化知识，必须加以继承和吸收，并且必须利用现代的科学文化来整理我们优秀的文化遗产，努力创造社会主义的民族的新文化"。于是作为新媒体的广播自然成为现代的、科学的代表性工具去和以戏曲为代表的优秀传统文化进行融合、碰撞与互动，并最终融入人民群众的日常生活之中。因此，广播播放戏曲不仅仅是在提供文化娱乐，更具有意识形态治理和文化政治的内在意涵。

其次，解决生产劳动中的实际问题，传统农民与现代国家发生更为深刻的互动。生产劳动是彼时农村的中心工作，广播参与社会治理，就必须在劳动生产的协调和管理中承担一定的功能。在乔李村的档案中，"屋顶广播"帮助村民完成了生产任务，55岁的农民李金海有些腿跛，他说"干上一天活，叫我开会实感困难"，但是通过改善之后的"屋顶广播"，他不仅知道了国家大事，更知道了具体的生产工作安排，"当年（1956）夏季雨水广多，小麦在场上急待摔打，通过每天的广播，推动了突击工作，按期完成了夏收任务"[①]。

再如江苏邳县八路公社某年秋种时缺少麦种，公社党委通过有线广播向社员交底，动员家里有小麦的社员拿出来卖给公社，支援生产。两次广播大会，解决了麦种问题。[②] 不仅如此，广播参与农业生产还表现为"田间广播"，因为广播的传播主要依靠听觉，不耽误劳动生产，因此有线广播也常常被架设在田边地头，为农民播放本地新闻、音乐、戏曲，在消解劳动疲乏的同时，

---

① 《乔李村的广播》，华东师范大学当代文献史料中心，Acu 0357-001-027。
② 郁启祥：《江苏人民公社广播站的发展和作用》，《新闻战线》1959年第7期。

鼓舞生产干劲,因而李乐将广播称为"乡村民众的劳动号子",并举出诸暨县五浅公社的例子,社员听过广播后反映说"田头装广播,边割边听戏,生产添力气"①。

通过有线广播和屋顶广播,农民的目光不再局限于脚下的"一亩三分地",而是开始放眼全国,主动关心国内外的时事政治,把自己的生产工作与全国其他地方的生产工作建立联系,统一于社会主义建设的实践之中。换言之,乡村广播实践有效地推动了传统农民与现代国家的互动。比如1952年,山西省临汾市农民群众通过爱国"种棉储棉"运动的广播节目,了解到农业产量的提高与"国家的工厂给咱们造下杀虫药、肥田粉和各种新式宝贝来支援咱们农业生产"有关,因此,棉花收获之后他们要把棉花主动卖给国家。②

最后,重构农民的时间观念,建构"同时性"想象。由于有线广播是一种强制性的、被动收听的媒介,"早晨播放着《东方红》催促着社员起床出工,傍晚放着《打靶归来》提醒着社员作息休工"③。作家梅芷回忆,在浙江诸暨,"对于农家来说,广播的最大作用在于报时。那时大多数人家都没钟表,这样,广播便成了最好的时钟。一般来说,清晨广播一响,该起床了;中午或傍晚广播里传来大家耳熟能详的《社会主义好》的乐曲,那便意味着可以收工做饭了"④。从这个角度来说,广播开始参与村民日常生活的时间管理,或者说广播与人民公社体制一起,重构了人们

---

① 李乐:《听觉的社会主义化:1949—1962年浙东乡村的广播动员》,《中国广播电视学刊》2013年第8期。
② 《中国临汾地委宣传部三个月的广播收音工作报告》,《华东师范大学当代文献史料中心》,Aa 0357-012-054。
③ 李盛:《建国初乡村有线广播兴起的原因探析》,《新闻研究导刊》2014年第7期。
④ 梅芷:《西施不曾远去》,中国文联出版社2015年版,第77页。

的时间观念和生活节奏。"村民习惯性的把广播作为生活作息的时间参照,就像闹钟一样,定时提醒他们起床、做饭以及干农活。"①

广播不仅重构了乡村的生活作息和生产节奏,更重要的还在于建构了一种"同时性",即一个村民不可能认识全国人民,但因为广播,他大体知道至少全国的农民都按照怎样的时间节奏进行生产生活。"时间上的一致"使得那些相互没有时间或因果关联的事件之间,建立起了某种关联和想象。② 换言之,广播把村民个体和生活"彻底纳入国家的普遍性乃至某种现代性想象之中",从而在"个人和国家之间,也同时建立起一种认同关系"③。同时性与公共性相辅相成,个体农民意识到自己是公社的一分子、国家的一分子,因而也愿意将自己的诸多私人问题拿出来,希望通过广播来讨论和解决,"像婆媳不和,家庭不团结等,有的也找到广播站来了。他们确信在生活问题上广播站也能够帮助他们"④。

新媒体进入乡村,必须发挥一定的功能,嵌入乡村的政治经济和社会结构,参与乡村未来发展方向的讨论,是为治理。无线广播、有线广播和屋顶广播共同构成的农村广播网,在20世纪50年代通过提供新媒体平台的方式参与农民文化娱乐、农业生产和日常生活,有助于服务群众、引导群众,解决生产中的实际问题,并重构农民的时间观念。此外,因广播能协调多种社会关系与资源,激发多元主体进行包括文化、时间、空间等多层面的

---

① 朱沁远:《有线文艺广播与乡村文化改造(1952—1966)》,硕士学位论文,南昌航空大学,2015年,第25页。
② 本尼迪克特·安德森:《想象的共同体:民族主义的起源与散布》,吴叡人译,上海人民出版社2003年版,第26页。
③ 蔡翔:《革命/叙述:中国社会主义文学—文化想象(1949—1966)》,北京大学出版社2018年版,第59—61页。
④ 陕西省地方志编纂委员会:《陕西省志·广播电视志》,中国广播电视出版社1993年版,第475页。

中篇 历史

"持续互动",因此,整体上看,广播发挥社会功能与广播参与农村社会治理是一个同构的过程,并且,这个同构过程也正是广播与在地化的乡村社会结构发生深刻互动的过程。概而言之,20世纪50年代,作为新媒体的广播进入农村之后,通过社会治理的方式介入或重构农村的生产生活,并与农村社会结构发生深层互动,推进了农村的现代化进程。

新闻媒体在社会变迁中发挥着沟通社会与组织社会的作用。① 历史启示我们,当代新媒体进入乡村,不能仅仅作为提供娱乐和展示消费的工具,而是要参与乡村的政治经济和社会文化。比如,当前乡村最为重要的议题是如何应对空心化,如何重建乡村公共生活,再造乡土团结,助力乡村振兴,只有关注这些议题,才能避免新媒体以娱乐的方式将乡村变为全球文化工业下沉的尾端。

第三节 农村广播工作的基本思路

当代乡村治理常常出现"干部在干,群众在看"的现象,究其原因在于基层群众工作的缺失,单向度的标语、媒体宣传、展演性的文化活动无法引起农民共鸣。只有坚持"从群众中来,到群众中去",了解其利益、习惯和想法,同时也教育他们和做他们的思想工作,而不是密切联系大户、老板,打造工作亮点,唯有如此,才能让农民从心底里接受,并将乡村振兴作为自家事情的一部分,以实际行动支持乡村振兴。② 纵观20世纪50年代广播进入中国乡村的历史,

---

① 师曾志:《沟通与对话:公民社会与媒体公共空间——网络群体性事件形成机制的理论基础》,《国际新闻界》2009年第12期。

② 谭同学:《乡村振兴中的主体、可视化政绩与群众工作——基于林镇的人类学调查与反思》,《西北民族研究》2020年第1期。

其治理逻辑和深刻互动的基本思路恰恰体现了群众新闻路线。

新中国成立初期,仅靠国家财政投入难以在全国大规模发展有线广播网,为了保证广播网的建设规模和工程质量,必须依靠和发动广大群众。换言之,人民的广播事业是依靠群众的人力、财力、物力发展起来的。20世纪50年代中期铺设有线广播线路时,需要提前宣传建立广播站的目的和好处,才能得到农民的支持,比如发动群众解决架线工人的吃饭睡觉问题,筹凑款项、木杆等,不能以行政命令摊派;要事先详细勘测路田,避免线路走入果园、树林、竹园,损伤群众的利益。① 西安市在1965年的文化工作总结中表扬了长安县有线广播网的恢复工作,称其"主要通过发动群众,依靠群众兴办,依靠群众养护,使之形成大家办、大家用、大家管的群众活动",因此"进展快,效果好";相比之下,未央区"主要依靠国家投资,没有很好发动群众,当经费不够时,就向上级追加预算,不仅加大了国家开支,放慢了恢复的进度,而且群众对线路的养护工作也不像自办的关心,在养护上存在问题不少"。总结认为"两者差距的焦点集中在贯彻群众路线的问题上",并批评一些同志"常常口头上说的是群众路线,但往往在实践中却看不见群众的积极性,把群众路线忘得一干二净"②。

广播内容生产方面坚持群众新闻路线。对于广播电台的工作人员来说,他们要"经常下乡,检查收听情况,反映农村实际情况和群众中的新人物,新创造"③;还要"把编好的稿件拿到农村

---

① 陕西省地方志编纂委员会:《陕西省志·广播电视志》,中国广播电视出版社1993年版,第476页。

② 《1956年西安市文化艺术工作基本总结(草稿)》,西安市档案馆,档案编号:89-1-207。

③ 《省委宣传部关于加强广播、收音站工作的指示》,渭南市档案馆,档案编号:J001-2-181。

去念给农民听,征求修改意见,还把播过的节目录音拿到农村当场播放给农民听众,观察农民的收听情绪,征求他们对节目的意见"①。正如上文所说,广播不能仅仅重视发布涉农宣传和政令,还要走进农民们的内心,对他们进行情感和价值观方面的引导。如《陕西省第一次农村广播工作会议的报告》中批评了仅仅反映农业工作、农业生产和农民生活的广播节目,要求广播工作应着力解决"农民的思想情绪"问题,关心群众的生活,"将生产、工作和生活有机结合起来",比如,"许多妇女想知道如何带好孩子,又不耽误生产,老年妇女想知道怎样当好婆婆,青年想知道如何树立正确的恋爱观,获得幸福的婚姻等等"②。

对于群众来说,一方面,各村都安排有广播通讯员,一般由村里负责广播室的知识青年或村民代表担任,如上文提到的长安县东祝村的广播员,"他们本身就是当地的村民群众,与村民们联系最紧密,也最容易听到村民群众的呼声,最容易获得乡村现实生活的信息",因此,他们也会帮助上级广播站搜集信息,反馈信息,以"不断调整传播内容,丰富传播形式,加强传播的针对性"③。另一方面,屋顶广播的广播员也是村民群众,他们在生产队的组织下,无论寒暑,都站在屋顶上向村民广播政策文化和新闻时事,体现了群众的自我动员和政治觉悟。依靠群众的力量,"帮助广大农民群众快速进入到本地社会治理与本地知识生产的过程中"④。

---

① 陕西省地方志编纂委员会:《陕西省志·广播电视志》,中国广播电视出版社1993年版,第103页。
② 陕西省地方志编纂委员会:《陕西省志·广播电视志》,中国广播电视出版社1993年版,第476页。
③ 刁小行:《政治传播视角下的中国乡村有线广播》,硕士学位论文,华中师范大学,2008年,第14页。
④ 潘佼佼:《扩散、转型与流变:对中国广播发展历程的回溯》,《现代视听》2019年第9期。

正如毛泽东所说"群众中蕴藏着一种极大的社会主义的积极性"①，纵观广播进入乡村社会的历史轨迹，可以发现群众路线贯穿始终，无论是土广播的"口口相传"，还是收音机的"流动循环"，抑或是有线广播站的"建设维护"，广大农民群众都身体力行地参与到内容生产、信息传播、交流反馈等多个环节中来。正是人民群众的积极参与，构建了一种以收音机、广播喇叭、土广播、油印小报等多种传播终端为网络，以农民群众为核心的传播格局。在这一格局中，群众新闻路线发挥着关键作用。那么为什么群众参与的积极性如此之高？

首先，农村广播工作是一项群众工程。一方面，新中国成立初期党和政府可调动的财力、物力有限，必须依靠群众才能完成有线广播建设；另一方面，群众的广泛参与也是中国革命和社会建设政治合法性的来源。因此，20世纪50年代，党和政府在开展农村广播工作时，非常愿意且只能走群众路线，将有线广播入村工作视为一项只有与群众团结合作才能完成的公共工程。这有别于当前农村工作中的"大户导向"和"面上工作"，有些基层干部似乎认为逐门逐户的拜访解决个体群众的问题是低效而纠缠的，常常费力不讨好，他们更愿意依靠政治或资本的力量来完成农村工作。我在这里无意于评价历史，但农村广播工作的历史档案提示我们20世纪50年代农村宣传工作的路径值得关注，宣传不是单线的传播，不是简单的互动，而是一项以农民为主体，农民全过程参与，与党和政府共同完成的群众工程。

其次，广播建构了农村群众对未来的憧憬。一方面，新生的人民共和国建立了一套新的政治制度和文化标准，人民群众在价

---

① 毛泽东：《毛泽东文集（第6卷）》，人民出版社1999年版，第429页。

值和文化层面被提升到了前所未有的高度,因此,群众的积极性得到最大程度的鼓励和释放;另一方面,国家,尤其是在农村代表国家声音的广播,"还在事实上承担着另一种未来主义的象征功能"①,广播被建构为一种通向现代性、通向未来的有效途径的想象,并经由这一想象,生产出来了极大的热情。这也启示我们思考,当代进入乡村的新媒体,是否能够建构新时代关于未来的想象,以及是否在承担未来感的同时最大限度地体现并尊重群众的主体性,至少也要表现出一种鼓励的倾向?

正是"群众的参与,尤其是群众参与的质量",从根本上决定了人民战争的胜利,这里,不仅包括人力与物力,更意味着,在这一参与的过程中,"群众如何成为政治主体,即国家的主人,或者说,使革命成为群众自己的事情"②。反过来,群众的广泛参与正是中国革命和社会主义建设政治合法性的来源,是中国特色社会主义的宝贵经验,也是中国道路和苏联模式之间的差异所在。因此,直到今天,从群众中来,到群众中去的群众工作路线都是我国乡村新闻传播工作的宝贵财富和不可背弃的原则。

---

① 蔡翔:《革命/叙述:中国社会主义文学—文化想象(1949—1966)》,北京大学出版社 2018 年版,第 48 页。
② 蔡翔:《革命/叙述:中国社会主义文学—文化想象(1949—1966)》,北京大学出版社 2018 年版,第 76 页。

下篇

当代

第七章　新闻话语：从底层叙事到群众书写[*]

20世纪80年代末以来，将工农群众理解为底层的思潮从印度旅行至中国，恰逢国内社会阶层分化，工人和农民将要重新成为社会边缘群体。于是底层叙事的新闻话语迅速取代了群众话语。但这其中包含着极大的理论危机和意识形态风险，因为中国并非一个后殖民主义的社会，中国的工农群众是国家的主人。因此，告别底层叙事，重返群众书写成为一个迫切而重要的议题。在此过程中，新媒体环境成为基础场景，如何增加赋权，搭建群众书写新闻的非虚构平台；如何续接延安时期以来知识分子和人民群众打成一片的优良传统，并使之在新时代焕发出新的生机与活力，这都是本章要讨论的问题。

第一节　底层叙事的再思考

在当代新闻话语中，工农群众重新沦为底层有两个原因。一

---

[*] 本章主要参考沙垚、孙宇《细腻的实践：从底层叙事到群众书写》，《郑州大学学报》（哲学社会科学版）2018年第4期。

是恰逢中国社会发生剧烈、持续和深刻的变迁与转型,陆学艺等根据组织资源、经济资源和文化资源的占有状况进行分类,将农业劳动者、城乡无业失业半失业阶层,商业服务业基层员工、产业工人阶层归为社会结构中的底层。① 这一论断反映了20世纪末以经济能力为主要标准而展开的中国社会阶层的重新分化,"社会不平等程度、贫富分化拉大"②。二是印度底层学派兴起,并于20世纪80年代末传入中国,他们将底层叙事视为底层抗争主流政治的重要的手段。在底层话语和社会阶层分化的"合谋"之下,中国知识分子和媒体开始了一场以底层叙事挑战主流话语的新闻实践,延安时期以来的群众新闻话语被搁在了一边。

我们甚至可以在媒体中看到,如1988年热播的《河殇》中,农民跪在神佛面前磕头,解说员嗤之以鼻地说道"面对这样的人的素质,就是大经济学家凯恩斯活转过来,又能奈之若何?"90年代的都市小报热衷于讲述这样的底层故事:"从'兽性丈夫切下妻子的鼻子和脸颊来下酒'到'女人,犯下强奸罪',这些没有在主流媒体中展现的扭曲的人类关系——苦难、血腥、复仇、愚昧——都在小报里得到了详尽的描述。"③ 有学者白描了一幅知识分子和媒体消费底层的速写:"从文化精英的心头牵挂变成市场投机者的眼中肥肉。……我们不时会看到有些人在跑到'底层'的犄角旮旯记录一下'底层'的艰难生活后,再贴上'反映底层真实生活'的标签,送到出版社卖个好

---

① 陆学艺主编:《当代中国社会阶层研究报告》,社会科学文献出版社2002年版,第9页。
② 孙立平:《转型与断裂:改革以来中国社会结构的变迁》,清华大学出版社2004年版,第4页。
③ 赵月枝:《有钱的、下岗的、犯法的:解读20世纪90年代中国的小报故事》,《开放时代》2010年第7期。

价钱。"①

除上述丑化、异化的情况外，新闻媒体的底层叙事主要是通过如下三种方式呈现的：一是"民生新闻"，底层问题是民生问题，因此会关注底层群众生活的方方面面，各地广播、电视、报纸纷纷开辟民生专栏，以新闻的方式推动各项公共事业的展开，尤其是对一些民生不作为的现象进行批评性报道。二是关于农民工群体的报道，由于20世纪末数以亿计的农民工流动进入城市，他们如何面对和适应城市新的生活环境，如何建立认同等，成为持续的新闻热点，经历了排斥、接纳、帮助等几个阶段。三是对低俗化的批判，随着大量农民务工人员进城，不少媒体将他们描述成经济贫困、文化素质低下、审美恶趣味的群体，不惜大篇幅报道以满足城市消费者的猎奇和优越感；后来一些严肃媒体对此现象进行批判，认为要将农民工视为城市持续的建设者，在生活上帮助他们，而非消费、丑化和异化他们。这些新闻报道相对理性，但大多依然主要采用"他者"化视角，并没有把农民工视为和自己一样的主体，更多采用"帮扶/公益"和"市民社会"的话语。孙桂杰分析了2012年《人民日报》将农民作为标题的报道，发现即便是在主流媒体中，即便是在以农民为主角的报道中，农民"依然处于失声状态，是精英话语的附属"②。换言之，在这里群众新闻路线是缺失的，与20世纪的人民革命史和社会主义史存在一定的断裂，甚至是去政治化的。

我曾分析了1993年至2010年的"新闻学与传播学"类别的

---

① 罗梅花：《"关注底层"与"拯救底层"——关于"诗歌伦理"的思辨》，《南方文坛》2006年第5期。
② 孙桂杰：《精英话语的注脚——对〈人民日报〉农民报道的话语分析》，《牡丹江大学学报》2014年第6期。

国家社科基金立项项目，共457项，其中涉及底层的只有33项，占比约为7.2%。上述新闻实践在学术界也得到了直观的呼应，如"电视民生新闻的整体转型""民生新闻可持续发展研究——以媒介生态为研究视域"；"我国传媒低俗化对策研究""新闻生产与和谐社会：媒体话语对中国贫富差距心态的影响研究"；"受众的社会分化与社会认同重建：基于电视媒介的研究""农民工社会传播网络与城市认同研究""改革开放以来'农民工'媒介形象流变研究""大众传媒与新生代农民工城市适应研究"等。

还有一类涉及西部或农村主题的研究占到研究总数的半壁江山。在此类研究中，作为空间概念的西部或者农村，与作为阶层分类的底层有很大程度的重合，二者重合之原因在于，西部与农村被定义为落后的、亟待发展与实现现代化的，而新闻传播是重要的通向现代化的技术工具。比如："西部欠发达地区大众传播事业发展与社会进步""云南少数民族地区信息传播与社会发展关系研究""农村基层党的执政能力建设中大众传媒的应用——西部农村党员干部现代远程教育研究""网络传播与云南少数民族文化的现代建构研究""传媒使用与西部汉藏羌地区和谐社会构建的系统研究""新闻传媒与构建设边疆民族地区和谐社会研究——基于媒介素养和'知沟'假设研究""后发现代化背景下我国西部地区'三农'传播服务战略研究""公益性建设　经营性发展——'农家书屋'可持续发展模式与机制研究""科学发展观与大众媒介传播和建设社会主义新农村研究""传播媒介对'三农'的作用及指标体系研究"等。

从这里可以知道，除了"丑化、异化"，"帮扶、公益"的农民叙事之外，还有一种主流叙事是发展主义。20世纪90年代以来，新闻传播学已经关注到西部、农村或底层，并表现出迫切的解决底层问题，使底层实现现代化的意愿，这其中包含着彼时知识分子的共同焦虑，这种焦虑被表述为发展，而发展又被等同于现代化和西方化。① 唯有这种意义上的"发展"，才能让底层从落后走向先进，从贫困走向富裕，从愚昧走向启蒙。所以，他们要求消除"信息贫困"，希望底层群体更多接触新闻媒介，了解时事政治、专业技能，增加感情认同，以此来解决"进城"过程中出现的种种问题。

与发展主义叙事并行的是抗争叙事，尤其是世纪之交，一方面社交媒体逐渐兴起，"人人都有麦克风""人人都是新闻记者"成为流行的说法，每个个体都可以通过互联网发出自己的声音，如果这些声音被一些"公知大V"或意见领袖放大，则可能带来巨大的社会反响；另一方面，印度底层学派的观点逐渐从学界"溢出"，被新闻媒体和社会大众所接受，他们以此为思想武器，进行着各种各样的话语抗争，最具代表性的有20世纪末的下岗工人事件和2010年前后的拆迁事件，都市报（晚报）和微博成为底层抗争叙事的重要阵地，其矛头直指主流或政府。随后，抗争叙事也从另类叙事一跃成为民间的主流叙事，甚至有研究者认为出现了"两个舆论场"。

因此，我们有必要重新思考底层叙事，以及其中包含的后殖民主义的立场，这与中国特色社会主义的历史与当下并不相符。

"底层"这个词最早是葛兰西在《狱中札记》中提出来的，英语Subaltern Classes可以翻译为"底层阶级"，主要指在欧洲社会那些从属的、被排除在主流之外的社会群体。如果将该理论旅

---

① 胡翼青、柴菊：《发展传播学批判：传播学本土化的再思考》，《当代传播》2013年第1期。

行至当代中国，从词源上看其就隐含着一种极大的政治张力：一方面，工人、农民及其联盟是中国革命与社会主义政权的基础；但另一方面，他们却沦为社会底层，成为社会边缘群体，过着贫穷的生活。至于印度的底层学派，是20世纪后半叶才逐渐兴起的。1982年起，印度加尔各答社会研究中心陆续出版了十多本《底层研究》，奠定了印度底层研究的学术基础。虽然该学派的学者们观点各异，但有一个共识，即用底层来批判精英主义，他们所批判的精英主义既包括殖民主义者的精英主义，也包括资产阶级民族主义者（或者称为"新民族主义者"）的精英主义。① 换言之，在后殖民主义社会，精英作为新的社会管理者，不可避免地与原来的殖民主义者保持着某种微妙的关联。研究者们认为是这两者的合谋，共同构筑了"后殖民主义意识形态"，推动了印度的现代化，但他们忽略了这个过程对底层的剥削和压迫，以及底层的自主性。② 因此，他们强调底层，认为自上而下的底层研究可以对"资本主义现代性本身的存在、稳定或者说历史合法性提出挑战"③。某种程度上说，"底层"这个词本身"就意味着一个巨大的社会不平等的存在"④，与"底层"相对的是"上流社会"和"精英社会"。

当研究者们深入到"底层"概念内部去寻找支持，来批判现代性和精英主义的时候才发现，我们理解的底层形象，都是知识分子书写和建构的底层，他们的"真正面目"是外部强加的，是

---

① 古哈：《论殖民地印度史编纂的若干问题》，载刘健芝等主编《庶民研究》，中央编译出版社2005年版，第3页。
② 古哈：《知识与政治的承诺》，载陈光兴主编《发现政治社会——现代性、国家暴力与后殖民主》，（台北）巨流图书公司2000年版，第22—23页。
③ 查特杰：《关注底层》，《读书》2001年第8期。
④ 刘旭：《底层叙述：现代性话语的裂隙》，上海古籍出版社2006年版，第199页。

一种"伪饰",因为底层从来都是沉默的他者。① 所以,从1987年开始,印度底层研究就意识到相比于底层是什么,更重要的是底层如何表达。由此,底层叙事成为重要话题。在他们看来,底层要么被追捧为伟大的革命者,要么被贬斥为现代化的边缘群体,无论赋予其"解放"之名,还是"现代"之名,他们都是工具化的他者,任人建构,毫无反抗能力。常见的批判逻辑是,没有知识、不会书写的底层人,是无法表达的;而一旦掌握了知识、学会书写的底层人,他的身份就转变为知识分子,进入中产行列,他们的表达是中产的表达,不再是底层叙事。为了解决这个问题,保罗·弗莱雷等人开出的药方是"平等教育",即以志愿者的身份,以教育的方式,以现代媒介为底层呐喊、赋权,实现彻底的平等和民主,而不是以一种压迫代替另一种压迫的底层革命。

但是这套在后殖民主义语境中形成和发展起来的叙事方式和行为方式,与中国的历史逻辑和实践逻辑是格格不入的。这至少有两个方面的原因。其一,借助社会公益力量的支持,进行底层教育和赋权,如果社会力量离开,底层是否有力量去独自对抗巨大的不平等的社会结构?因为形式上的平等对话教育方式,以及教育者进入到底层空间场域中营造出的貌似平等的人际关系和社会关系,并不能掩饰真实的社会身份的不平等。随着教育者的离开,在短时间内建构起的平等观念去面对僵化、冷漠而庞大的不平等的社会结构,必定是无力而脆弱的。"点状"帮扶,能够在多大程度上具有普遍性,是否会成为一个个的盆景,而且是"昙花一现"的盆景?也就是说,时间上是短暂的、空间上是分离的

---

① 刘旭:《底层叙述:现代性话语的裂隙》,上海古籍出版社2006年版,第19页。

"点状平等"的社会实验很难真正让底层成为主人,它更多是以一种象征性的行为对不平等的社会结构进行一种修补,客观上满足了文化精英的道德感。

其二,底层学派在印度不借助主流政治的力量,是因为他们的主流政治恰恰是底层要反抗的对象,但中国情况完全不一样,一方面中国共产党是为人民服务的政党,并时刻要求全体党员不忘初心;另一方面中华人民共和国是通过以工农联盟为主体的人民革命建立的,并非上流社会与殖民者进行妥协完成,更何况中国也并未经历殖民主义和后殖民社会。赵月枝、吴畅畅曾指出,将改革开放时代的中国农民工与后殖民资本主义现代性中的"底层"相提并论,是"自觉或不自觉地将自己置身于中国革命现代性及其历史发展的轨迹之外,并以一种隔岸观火的方式"考察中国农民工阶层的文化传播的问题。[1]

底层研究者们虽然强调到底层群体中去聆听他们的诉求,寻找解决的办法,但他们的实践只能是一种另类的社会实验,是资本主义主流社会的一种多元性补充或"点缀",某种意义上还证明着资本主义的"民主性",他们并没有也无法调动总体性的合法性。"群众"在中国社会"具有政治合法性"是中国共产党永远无法背弃的执政基础,也是后殖民社会不可能具有的历史资源和社会支持。因此,"底层"这个概念本身,就意味着一种范式遮蔽,遮蔽的正是坚持"群众路线"的中国革命和社会主义的历史实践。也正是因为此,才会"制造"出前文所叙述的理论与实践的困境,即在社会主义中国,怎么可以把工人和农民定义为社会底层?

---

[1] 赵月枝、吴畅畅:《网络时代社会主义文化领导权的重建?——国家、知识分子与工人阶级政治传播》,《开放时代》2016年第1期。

第二节　媒介赋权与媒介减权

值得注意的是，微博兴起在带来底层抗争性叙事的同时，依托的是底层人人都可以发声，都可以被全世界看到和听到的逻辑，媒介赋权的观念在此过程中也开始得以推广，不少媒体和研究者开始关注"农民/农民工的新媒体表达""留守老人/留守儿童的新媒体表达"等议题。如果把时间线稍微拉长，就会发现联合国教科文组织在 1977 年至 1982 年的中期规划中就提出"以人为中心的发展""人类既是发展的动力，又是发展的目的"的要求，底层不再是被动的接受者，他们主动地整合外来媒介与本地媒介等多种资源，发出自己的声音，改善自己的生活。

但是发声并不意味着被听到。声音被听到，需要一定的社会资源和知识技能的积累，底层群体根本无法在大众媒体上与政治精英、市场精英和文化精英分享平等的话语权。那么，底层如何发声？在这一点上，知识分子挺身而出，希望凭借自己的力量有所作为。

什么是赋权？简单来说即"赋予或充实个人或群体的权力"[1]，是"个体、组织和社区对其社会和经济水平、社区的民主参与和自身命运的控制和主宰"[2]，通过"增强人、人际或集体的政治力量，使个人、团体或社区有权力和能力采取行动，以改变现状的过程"[3]。联合国教科文组织曾将其定义为学习活动，即"在学习

---

[1] 范斌：《弱势群体的增权及其模式选择》，《学术研究》2004 年第 12 期。
[2] Srinivas R. Melkote, and H. Leslie Steeves, *Communication for Development in the Third World: Theory and Practice for Empowerment*, London: Sage, 2001: 37.
[3] Boehm, A. & Boehm, E., Community theatre as a means of empowerment in social work: a case study of women's community theatre, *Journal of Social Work*, 2003, 3 (3): 283–300.

过程中个人或社区能够创造、拥有和分享知识、工具以及技术，以改变他们自己生活的社会环境"。① 再比如"赋权是一个过程。在这个过程中，个人或组织可以获得权力、接近各种资源以控制自己的生活。为此，他们必须首先获得一定的能力以实现他们个人的抱负和行动目标。"② 卜卫认为赋权是"边缘群体重新获得（收回）自己应有的权力和主体性，并发展有效地行使权力的能力和过程。"③ 赋权的概念还有很多，但综合分析可知，赋权应该包含如下四个要素：能力、目标、行动和效果。

媒介赋权，则是指通过媒介的参与，为底层群体赋权。这里的媒介，总体来讲包括两种。一种是新媒体，它将线上与线下相结合，提供便捷的信息、知识和技能的获取方式，扩大社交网络和集体动员，"在更大程度上实现社会公平和赋权，并改善社会边缘群体的日常生活"④，"使弱势群体在话语、经济、文化、社会资本等领域有可能得到权力和能力的提升"⑤，实现底层发声。师曾志和杨睿认为，新媒介赋权指的是"个体、群体、组织等，通过互联网社会交往连接获取信息、表达思想，从而为其采取行动、带来改变提供了可能"，这是一个传播与权力博弈的过程，强调"多元主体在传播中产生、实现或消解、丧失其统治与支配的能力"⑥。需

---

① 转引自卜卫《"认识世界"与"改造世界"——探讨行动传播研究的概念、方法论与研究策略》，《新闻与传播研究》2014年第12期。
② Robbins, S. P., Chatterjee, P. & Canada, E. R., *Contemporary Human Behavior Theory*, Boston: Allyn & Bacon, 1998, p. 91.
③ 卜卫：《"认识世界"与"改造世界"——探讨行动传播研究的概念、方法论与研究策略》，《新闻与传播研究》2014年第12期。
④ Mehra, B., Merkel, C. & Bishop, A. P., "The Internet for Empowerment of Minority and Marginalized Users", *New Media & Society*, 2004, 6 (6): 781-802.
⑤ 丁未：《新媒体与赋权：一种实践性的社会研究》，《国际新闻界》2009年第10期。
⑥ 师曾志、杨睿：《新媒介赋权下的情感话语实践与互联网治理——以"马航失联事件"引发的恐惧奇观为例》，《探索与争鸣》2015年第1期。

要指出的是,媒介技术亦具有政治经济属性,不是掌握技术,使用互联网、手机就一定能赋权,新媒体仅仅是为底层赋权提供了一种可能性。另一种是传统媒体,卜卫将乡村舞蹈、民歌、民谣、绘画、传说、木偶戏、地方戏曲、板报或墙报等统称为"传统媒介",认为它们"根植于当地的文化形态之中,成为那些无法接触到大众媒介、不愿意使用大众媒介或无法在大众媒介上发声的群体可利用的一种信息传递和娱乐的工具"①。

正如丁未所指出的"赋权具有很强的实践性",赋权的过程与最基本的传播行为紧密相连。② 换言之,底层的媒介赋权也一定是一个实践性的传播过程,并且,该过程是通过底层群体"内外部信息的传播和沟通协作",激发和挖掘其潜能,而不是知识分子或其他精英由上而下的"赋予"③。底层作为行为主体,应充分动员其在地化的语言、传统、历史、文化、政治等各种资源,并与特有的传播工具和方式相结合,通过媒介发声,实现预设的目标或利益诉求。如丁未发现 QQ 群有助于出租车司机在异乡"抱团取暖",共同抵抗现代化城市带来的不适和挑战,获得心灵的慰藉。④ 师曾志则认为微博、微信等新媒介技术应用,使农村等弱势群体的技术赋权和社会赋权成为可能。⑤ 周敏发现快手等短视频社交媒体可以使以新生代农民工为代表的

---

① 卜卫:《重构性别—媒介研究:从本土妇女媒介使用经验出发》,《中国社会科学报》2012 年 3 月 7 日第 A-08 新闻与传播学版。
② 丁未:《新媒体与赋权:一种实践性的社会研究》,《国际新闻界》2009 年第 10 期。
③ 王斌、刘伟:《媒介与社区赋权:语境、路径和挑战》,《国际新闻界》2015 年第 10 期。
④ 丁未、田阡:《流动的家园:新媒介技术与农民工社会关系个案研究》,《新闻与传播研究》2009 年第 1 期。
⑤ 师曾志:《新媒介赋权视阈下的国家与社会关系》,《北大新闻与传播评论》(第八辑),北京大学出版社 2013 年版,第 91 页。

草根群体更加平等地通过亚文化资本获得社会资本，并转化为经济资本。①

当然，与此同时，也有很多研究者提醒我们，新媒介在乡村也发挥着去权或减权的作用。主要表现在，其一，从数字接入和知识鸿沟的角度来看，李晓静发现城乡之间小学生的数字鸿沟正在扩大。② 其二，从霸权的角度来看，城市相对于农村的话语霸权、文化霸权始终存在，③ 且在新媒体时代，资本推动和市场逼迫更加剧了乡村对城市的依附，使其成为城市的"后花园"。其三，由于平台资本主义的诱惑、剥削与压迫，短视频、直播类平台的使用者将自己变成互联网数字劳工，在没有劳动保障的情况下进行数字生产。④ 由此，我们很难对新媒介的乡村实践保持绝对的乐观。

更多的情况下，学者们对"赋权"还是"减权"保持着"两难"的思考，以更为审慎和辩证的态度看待乡村场域中的新媒介赋权。杨萍提醒我们注意，虽然网络直播中的土味文化是底层文化寻求社会认同的一种方式，满足了草根人群的心理需求，但是"土味"并非"真实"，并越来越演变为一种迎合大众审丑心理的符号表达，有低俗化的倾向。⑤ 刘楠也发现农民自媒体作为主动的视觉生产者，具有拓展话语、自我主体表达和新

---

① 周敏：《"快手"：新生代农民工亚文化资本的生产场域》，《中国青年研究》2019年第3期。
② 李晓静：《数字鸿沟的新变：多元使用、内在动机与数字技能——基于豫沪学龄儿童的田野调查》，《现代传播》2019年第8期。
③ 赵丽芳：《放弃与干预——对农村传播问题的思考》，《新闻大学》2006年第2期。
④ 吴鼎铭：《网络"受众"的劳工化：传播政治经济学视角下网络"受众"的产业地位研究》，《国际新闻界》2017年第6期。
⑤ 杨萍：《赋权、审丑与后现代：互联网土味文化之解读与反思》，《中国青年研究》2019年第3期。

身体叙事等正面特点,但也存在着商业逻辑下的"数字异化"和"自我异化"。① 刘娜则相对客观地将乡村短视频视作城乡两种文化的权力角力,一方面新媒介的技术赋权为解决乡村问题在复杂的权力话语之中打开了一个崭新且关键的窗口;另一方面乡村的自我呈现又被城市话语所挪用,被当作"奇观"刺激都市娱乐和传媒消费。②

诚然,近年来,在社会结构日益板结,社会资源日益倾斜,数字鸿沟日益加剧的时候,互联网和智能手机在乡村普及,从微博、微信到短视频和直播,村民们确实增加了表达的机会与可能,因此诸多学者对新媒介赋权寄予了美好希望。但如陈静静等所言,表面上看媒介和信息技术可以增强聚拢社会资源的能力,但是赋权本身是一个高度情境化的过程,当新媒介已经被收编到整个权力结构之中,成为原有权力格局在媒体领域的延伸,某种程度上它甚至强化了原有的权力结构。③ 简言之,新媒介技术很难突破现有的社会和权力格局。但我们也不必如此悲观,诚如威廉斯所说,要让希望具有可行性,不要让绝望具有说服力。④ 比如沙垚看到并提出:"土味文化是多年来少有的一种由农村主体来表达农村文化的文化现象,是城市文化和乡土文化激烈碰撞,农村青年带动城市青年以魔幻现实主义的方式融通城乡,城乡青

---

① 刘楠、周小普:《自我、异化与行动者网络:农民自媒体视觉生产的文化主体性》,《现代传播》2019年第7期。
② 刘娜:《重塑与角力:网络短视频中的乡村文化研究——以快手 APP 为例》,《湖北大学学报》(哲学社会科学版)2018年第6期。
③ 陈静静、曹云雯、张云霄:《赋权,还是去权?——一个藏族村庄中的传播、权力与社会身份》,《新闻与传播研究》2014年第8期。
④ [英]雷蒙·威廉斯:《希望的源泉——文化、民主、社会主义》,祁阿红、吴晓妹译,译林出版社2014年版,封底。

年携手共同创造的当代中国网络流行文化。"①

第三节 重返群众书写

应该说，媒体的赋权与减权是一体两面的，关键在于其主体如何处理和应对，以及主体按照什么指导思想/意识形态进行实践。在发展主义与公益行动的话语框架中，我们很难找到一个能够统摄两者的理论范畴或框架。但是，如果我们重新扎根历史，重返中国共产党领导的百年新闻实践，就会发现一条截然不同的线索——群众新闻路线。换言之，底层叙事客观上构成了一种遮蔽，而群众路线才是一种厘清和回归。

2017年育儿嫂范雨素的一篇纪实作品《我是范雨素》引爆互联网，本是普通打工者的范雨素迅速成为网红。这个案例在实践层面给予了底层叙事的理论逻辑以有力的回击，范雨素来自农村，经历了家暴和离异，独自带着两个孩子住在城乡接合部一个8平方米的单间里，打工刷过盘子，做过育儿嫂，她用近乎流水账的方式书写了自己的一生。但正因为朴实，所以动人。热点事件，如同一阵风，如今，蜂拥而至的记者们已经散去，范雨素依旧在书写，她也依旧是一名打工者。

当代的群众书写表现在两个方面，一是群众用行为进行表达，二是群众用文字进行书写。

张炼红提出"细腻革命"，她发现在地方戏中悲情戏、苦情戏"任凭世道迁转、世态炎凉"，都会长演不衰，这是民众"在艰辛生活与抗争中累积的苦难体验和情感表达"，她认为这种表

---

① 沙垚:《青年、传播与主体》,《现代视听》2019年第4期。

达构成了"民众想象、理解和应对困境的集体形式"。因为，在生活世界和日常实践的表达中，蕴含着"涵养生息"和"坚忍维系"的力量，这种力量不同于激进政治，是"细水长流"的"细腻革命"。① 简而言之，自古以来，群众的表达不是用文本、书面的形式，而是用实践和行动书写。保罗·威利斯在《学做工》中表达了同样的观点，认为工人和农民的表达是"在历史的世俗背景、在具体情境中"的"一种生动的"实践。②

比如他们通过传统的民俗活动，凝聚人心，抵御农村空心化的现状，在陕西户县，每年都会有动辄数万人的迎城隍活动；榆林市黑龙潭庙会，用香火钱投资公共事业、防风治沙、保障贫困儿童上学、老人医疗保险等等。他们组织合作社，增强在现代社会的市场抗风险能力；举办乡村春晚，宣传孝道，进而弥合城乡不平衡发展的裂隙；或者发动行走在城乡之间的打工者，建立"打工文化艺术博物馆"，排练打工春晚，歌唱劳动最光荣，并由优酷等网站同步在线播放；他们组建文艺演出队，举办孙恒个人唱谈会，定期播放农民工主题的电影，拍摄自己的纪录片，成立文学学习小组。通过这些方式，他们将新媒体和传统媒体，网络传播和人机传播、社群传播等方式相结合，更好的服务"边缘社群以主体的身份作自我叙述，从而打破主流媒体对话语权的垄断"③。……虽然精英社会留给中国底层民众施展腾挪的空间很小，但根在民间，他们竟然把五千年的文明一脉不追地传承了下

---

① 张炼红：《历炼精魂：新中国戏曲改造考论》，上海人民出版社2013年版，第357、349页。
② [美]保罗·威利斯：《学做工：工人阶级子弟为何继承父业》，秘舒、凌旻华译，译林出版社2013年版，第4页。
③ 马杰伟、周佩霞：《视觉社运：艾晓明、卜卫对谈》，《传播与社会学刊》（香港）2009年第10期。

来。这种书写历史的方式与能力,堪称伟大。如张炼红所说,中国的人民群众是在"螺蛳壳里做道场"。

对于这样一种表达,我们听不到,并不是因为它们不存在,而是因为没有人倾听。在经济力量单维度主导表达意义的时代,工农群众无法和知识精英、政界要员和商业大腕在公共媒体平台上平等的分享话语权。但是对农村衰落的体会,没有谁比农民更深切;对重建农村美好家园的希望,没有谁比农民更为强烈;至于农村文化复兴的途径,也没有谁比农民更了解农村的历史、当下与未来的各种资源。在有着深厚"群众路线"优良基础的社会主义中国,新闻学的知识分子应当思考,"怎么才能更大限度地发掘出……潜在的民众实践性能量,并设法提炼出更多的正面性和价值感"①。

在此过程中,中国知识分子和人民群众打成一片的优良传统从未间断。比如他们通过深入到农民工聚居地区、少数民族地区,参与到被研究对象的日常生活中,了解社区居民的真正利益诉求,寻找适合的传播赋权方式。郭春林在苏州工业区租了一间小屋,与工友们一起劳动、一起喝酒;张慧瑜、孟登迎等在皮村组织文学小组,与工友们一起学习文学经典,手把手地教工友们文学创作,用文学记录自己的生活;卜卫常年与被拐妇女、农村儿童、青年艾滋病感染者、残障群体等在一起,与他们交流并对他们进行教育、培训,"以唤起边缘群体对现存社会秩序的意识觉醒和批评",使自己的研究"成为让沉默者发声的工具"②,从而达到促进社会改变的目的。他们的实践续接了

---

① 张炼红:《历炼精魂:新中国戏曲改造考论》,上海人民出版社2013年版,第358—359页。
② 卜卫:《"认识世界"与"改造世界"——探讨行动传播研究的概念、方法论与研究策略》,《新闻与传播研究》2014年第12期。

延安以来的优良传统，开辟了 21 世纪新型的知识分子与工农群众"我们在一起"的血肉联系。这正是中国特色社会主义道路的宝贵财富。

由于工农群众与知识分子在半个多世纪以来的实践中持续互动，他们已经开始拿起笔，自己用文字书写。在范雨素的案例中，她不仅发出了一名普通打工者的声音，同时还不卑不亢、举重若轻地反省生活，思考社会，记录时代。她对有钱人充满了悲悯，而不是奴性地向往；对异化的人性，对暴力和强权，有着强烈的批判；而对于流浪者和弱者，她则传递了爱和尊严。她不喜欢提线木偶或者兵马俑一般的生活，她想要主宰自己的命运。当代，这样的书写者并不在少数。比如打工诗人许立志、打工春晚导演王德志、大地民谣原创歌手孙恒，还有李娟、侯国安、郭福来、徐良园、李若、寂桐等。近十年来，一大批工农群众，用自己的方式书写历史，为劳动者歌唱。所以范雨素现象，不是一个人的网红，也不是偶然，而是千千万万工作、生活和奋斗在一线的劳动者的群体表达，他们被关注、被尊重，是时代的必然。他们对平等、正义和尊严的不懈追求，不正是社会主义对平等和公正许下的承诺吗？在贫富分化、道德沦陷、社会断层的今天，工农群众继承了"革命的承诺"和"时代的承诺"。

只是今天这一群众参与新闻、群众直接书写的传统穿上了一件新衣——"非虚构新闻写作"。这是一种将非虚构写作的方式与新闻写作方式相结合的新体例，这一体例的流行得益于新媒体的发展，人人都可以讲述自己真实的故事，而且能够以小见大反映社会的深度问题，传递价值。2003 年《人民文学》杂志推出"非虚构专栏"，在国内拉开了非虚构写作的先河。在新闻领域较为知名的有，2015年《新京报》开设的微信公众号"剥洋葱people"，《人民日报》开设的专栏"北斗"，网易的"人间"，腾讯的"谷雨"，界面的"正午"等。

关于非虚构新闻写作的定义一直很有争议，但有一点是不争的事实，即"严格遵守新闻真实的底线"①。只要事实没有虚构，那么写作的形式可以不拘一格。基于这条原则，在理论层面，我们可以发现非虚构新闻写作不是新闻叙事的更新或新闻业变革的附属产品，而是社会力量/群众/大众介入新闻生产与传播，重新思考、重新界定新闻及其表达的重要手段或表征。邓力把围绕非虚构写作的元新闻话语喻作"在新闻业的沙上'圈地'"②，因为新闻业的边界线是"移动的标准"，具有不确定性，因此，从这个角度来说，非虚构写作是在重新定义新闻业的边界。在实践层面，我们可以发现非虚构新闻写作的从业主体打破了原有"记者"这一职业脚本的限制，"通过创业或转型的方式来搭建出非虚构这样一种融合性媒体实践的新空间"，一些机构应运而生，"建构出创业领域的繁荣前景与扩张可能，也让新实践初步形成了组织化的生产常规与营收模式"。③ 换言之，即新闻生产的主体从记者拓展至群众，群众可以直接参与新闻，并且机构的专业性也正在减弱，一个新的创业空间和表达空间正在出现，业余性的原则凸显。一方面，强调各类主体，包括工农群众参与的可能性和重要性；另一方面，强调从业者身份的多重性和新闻生产的业

---

① 孙珉、韦李珍、刘晓璐：《浸入与驱逐：聚焦新闻领域非虚构写作的强情节建构》，《当代传播》2020年第2期。
② 邓力：《在新闻业的沙上"圈地"：非虚构写作的位置创立与领地扩张》，《新闻记者》2020年第9期。
③ 邓力：《在新闻业的沙上"圈地"：非虚构写作的位置创立与领地扩张》，《新闻记者》2020年第9期。

余性。这就重新回到了群众新闻路线,并且非虚构新闻写作有着强烈的现实社会关怀和问题导向,具有建设性的治理属性。如果说知识分子和人民群众相结合的传统在新时代为群众书写提供了能力上的可能性,那么非虚构新闻写作的流行则为群众书写提供了平台上的可能性。

在此基础上,汪晖进一步指出"要超越这个底层能不能说话的框架,去探讨新的'我们'有没有可能产生。"……"精英"(elite)与"庶民"(subaltern)之间有机且良性的互动,既区别于旧的工与农的简单联结,又区别于知识分子对"三农"和工人的学术研究,它是一种"介入",在共同的运动过程中,生产出全新的"我们"。①

历史地看,中国革命曾创造了一个知识分子集体背叛自己阶级的神话,孙中山、章太炎、蔡元培、陈独秀、李大钊、毛泽东、周恩来、邓小平等都不是出身底层,但为了救亡图存和民族解放,他们投入革命,为人民谋幸福,创造了"我们在一起"的佳话,并借此建立了社会主义中国。与此同时,一名普普通通的农民或工人,也能超越个体利益,胸怀天下,关注民族兴旺、世界局势,参与国家未来发展方向的讨论。

从延安时期开始,大批的知识分子深入基层,与工农兵群众同吃同住同劳动。由知识分子与底层人民一起完成未来的现代国家的叙事,知识分子向工农群众学习生产生活的技能,学习群众讲述的历史,建立人民史观;同时工农群众向知识分子学习书写、阅读、文化、哲学等,彼此建构起一种主体间性的关系,以

---

① 汪晖:《〈世界工厂〉作为一种社会研究和实践的剧场》,http://wen.org.cn/modules/article/view.article.php/4245。

"我们在一起"的姿态探寻国家未来政治、经济和文化的发展方向。大量的文学、艺术、影视、新闻作品问世,并成为20世纪不可逾越的经典,如《白毛女》《南泥湾》《中国西北角》《经历》《包身工》《西行漫记》《伟大的道路》……以及各种农民画、版画、剪纸、戏曲作品。在这个过程中,已经很难说清楚由"人民性"这一概念所统摄的各种群众文化活动,是对群众日常实践的提炼与升华,还是马克思主义思想的在地化,抑或是国家意志的群众动员,应该说是兼而有之。群众路线是中国知识分子和人民群众共同的历史记忆与文化资源。

从现实来看,当代社会的压迫性结构已逐渐形成。虽然"生产者联盟"遭到破坏,但是在已经联合起来的全球资本面前,每一个生产者都受到资本与权力日益加剧的剥削和压迫。这一压迫结构,为"所有生产者"提供了一种休戚与共、彼此分享的社会意识或共同经验,双方面临着参与抗争与挑战不平等的整体结构的共同的实践目标。因此,在外力的作用下,当代"所有生产者"开始反思,并呈现一种"内转"的趋势,大批都市白领"逃离北上广",在互联网上分享被老板压迫的经历,反思人生的意义、活着的意义,激起白领阶层的共鸣;大批知识精英深入基层,或者担任村干部,或者返乡创业。这正应了100年前,即1919年李大钊在《晨报》上"速向农村去"的呼唤。①

如果说压迫性结构是一种"外力",并推动着"我们"的联结。那么,从"内力"的角度看,"劳工神圣"②、回归劳动、以劳动为纽带,为建构作为"我们"的共同的身份认同与价值观念

---

① 李大钊:《农村与青年》,《晨报》1919年2月20—23日。
② 蔡元培:《劳工神圣——在庆祝协约国胜利大会上的演说》(1918年11月16日),载《北京大学日刊》1918年11月27日。

提供了可能性。追溯到马克思，青年时代的马克思确实认为能动思考的劳动（thoughtful labor）是人类"才有的"独特性质，其中对体力劳动的忽视不言而喻。但随着欧洲社会主义运动的进行，他才意识到"知识分子"必须与劳工运动结合，才可能取得革命的胜利。① 米尔斯进一步指出"白领并不是介于资本与劳动之间，他们与薪资工人的财产和阶级位置完全相同"②。因此，需要将"劳心、知识的劳动或脑力劳动"与"技术工、工厂苦役、农事或家务劳动放在相同的平台上"③ 进行沟通与理解，因为每一种劳动"都是我们所需要的……它的意涵是创造人们想要的任何东西……"④

新时代，知识分子就是要努力地"在学术研究和社会实践中寻找联合点"⑤，不仅要把论文写在大地上，更要和人民群众一起锻造出一个全新的"我们"，这既是为天地立心、为生民立命、为天下开太平的传统文化要求，也是群众路线、有机知识分子的马克思主义要求。从这个意义上说，群众书写，延安是一个起点，如今依然处于进行时态。

---

① ［美］丹·席勒（Dan Schiller）：《传播理论史：回归劳动》，冯建三、罗世宏译，北京大学出版社2012年版，第35—36页。
② 转引自［美］丹·席勒（Dan Schiller）《传播理论史：回归劳动》，冯建三、罗世宏译，北京大学出版社2012年版，第100页。
③ ［美］丹·席勒（Dan Schiller）：《传播理论史：回归劳动》，冯建三、罗世宏译，北京大学出版社2012年版，第16页。
④ Laurence Gronlund, *Cooperative Commonwealth*, ed. by Stow Persons, Cambridge, p. 101.
⑤ 汪晖：《在西方中心的世界中保持中国文化自主性——文化、社会价值如何转化为政治实践》，《绿叶》2008年第1期。

第八章 县级媒体融合与基层重建*

2018年，习近平指出，"要扎实抓好县级融媒体中心建设，更好引导群众、服务群众"①。由此，县级媒体融合的大幕正式拉开。这句话也成为总书记对县级融媒体建设的总体要求，由此可知：县级媒体融合与群众紧密相连。从这个意义上来讲，县级融媒体中心建设离不开群众新闻路线。如果说新闻专业主义的兴起与世纪之交都市类晚报相伴随，那么当下告别底层叙事的新闻话语，群众新闻路线重返媒体舞台的中央，则与媒体融合进程紧密相关。

无论是基层媒体的融合，还是市场化媒体的发展，有两个趋势已经成为共识，其一，用户不再是简单的新闻受众，他们在新媒体时代更是新闻与信息的生产者，即群众参与新闻生产；其二，新闻不能只是简单地提供讯息或娱乐，更要建设性地参与社会问题的讨论与解决，即新闻参与社会治理。因此，在媒体融合时代，群众新闻路线同样具有较强的生命力和解释力。在这一章

---

* 本章主要参考沙垚《资本、政治、主体：多元视角下的县级媒体融合实践》，《新闻大学》2019年第11期；沙垚《县级媒体融合的三种分析框架》，《现代视听》2019年第11期；沙垚《重建基层：县级融媒体中心实践的平台化和组织化》，《当代传播》2020年第1期；沙垚、许楠《融合人民：县级媒体融合与基层协同治理》，《新闻与写作》2021年第5期。

① 习近平：《论党的宣传思想工作》，中央文献出版社2020年版，第340页。

中，我们将聚焦县级媒体融合，以此为案例，来讨论群众新闻路线的当代实践。

第一节　县级媒体融合的三种分析框架

如何理解县级媒体融合？一般来说，我们习惯于在意识形态建设"打通最后一公里"的分析框架内进行讨论。但当代中国的媒体生态绝非如此单维，至少我们要看到产业逻辑和媒体自身图存发展的逻辑。

第一，国家主导的意识形态工程。

2014年8月18日，习近平总书记主持召开了中央全面深改领导小组第四次会议，审议通过了《关于推动传统媒体和新兴媒体融合发展的指导意见》。习近平在会议上强调："要推动传统媒体和新兴媒体在内容、渠道、平台、经营、管理等方面的深度融合。"① 自此媒介融合进入国家战略层面的顶层设计，势在必行。2014年也因此被称为中国的"媒体融合元年"。随后，一系列媒体融合相关的文件和政策措施纷纷出台。

2018年7月，广电总局发展研究中心发文，认为建设县级融媒体中心"是新阶段深化文化体制改革的重大举措，也意味着推进媒体融合工作重点从省以上媒体延伸到基层媒体、从主干媒体拓展到枝系媒体，枝系媒体的改革将有力促进国家媒体体系的全盘激活"②。8月21日，习近平总书记在全国宣传思想

---

① 中共中央宣传部：《中国共产党宣传工作简史》（下卷），人民出版社2022年版，第590页。
② 杨明品：《建设县级融媒体中心：新一轮事关全局的基层媒体改革》，《有线电视技术》2018年第7期。

工作会议上指出,"要扎实抓好县级融媒体中心建设,更好引导群众、服务群众"[①]。至此,县级融媒体中心成为热点,进入建设高潮。9月20日至21日,中宣部在浙江省湖州市长兴县召开县级融媒体中心建设现场推进会,对在全国范围推进县级融媒体中心建设作出部署安排,要求2020年底基本实现在全国的全覆盖,2018年先行启动600个县级融媒体中心建设。11月14日,习近平总书记主持召开中央全面深化改革委员会第五次会议并发表重要讲话,会议审议通过了《关于加强县级融媒体中心建设的意见》。2019年1月25日,习近平总书记带领中共中央政治局同志来到人民日报社新媒体大厦,就全媒体时代和媒体融合发展举行第十二次集体学习,提出了"四全""四力"等有关媒体融合发展的论述。

细细爬梳国家主导的媒体融合进程背后的意识形态逻辑。习近平指出"媒体融合"是一种传播手段的创新方式,"手段创新,就是要积极探索有利于破解工作难题的新举措新办法,特别是要适应社会信息化持续推进的新情况,加快传统媒体和新兴媒体融合发展,充分运用新技术新应用创新媒体传播方式,占领信息传播制高点"[②]。这里便点出了媒体融合的目的,即"占领信息传播制高点"。

从这个意义上讲,媒体融合以及县级融媒体中心建设均可视为一种自上而下的国家意识形态工程,其目的在于利用新的传播手段,在党委政府和人民群众之间搭建一座桥梁,切实提高党的新闻舆论传播力、引导力、影响力、公信力。简言之,即牢牢掌

---

① 习近平:《论党的宣传思想工作》,中央文献出版社2020年版,第340页。
② 《习近平关于全面深化改革论述摘编》,中央文献出版社2014年版,第84—85页。

握意识形态的主动权和主导权。

第二，技术升级带来的传统媒体的自救运动。

2018年1月1日，《北京娱乐信报》、天津《渤海早报》、安徽《大别山晨报》、江西《赣西晚报》等18家纸媒宣布停刊，其中多为地方性的晨报或晚报。对于此类消息，我们已经见怪不怪，从2008年中国第一家央级纸媒《中华新闻报》停办以来，"2014年中国停刊或休刊的知名报纸数量约为10家，而2015年这个数字扩大到30家左右"①。

同时，关于电视会不会消亡的讨论近年来也一直没有停止过，比如余志为的《电视会消亡吗？——论新媒介格局下电视媒体的未来》，吴继荣、郭之文的《从"电视消亡论"看电视节目的生存之道》，李宇的《由"电视消亡论"刍议媒体演进中的新旧之争及特点》，梁颐的《走出"电视消亡论"：媒介进化论视阈下的电视未来命运》……虽然大多学者都认为电视不会消亡，但传统电视陷入深刻的危机已经成为不争的共识。面临广告收入断崖式下跌，如何"活下去"是整个广电行业的焦虑所在。

王君超在综述了十年来关于报业转型和媒介融合的争论之后提出了"媒介融合（是）报业转型的关键词"②。严三九提出"处于困境中的从业者纷纷尝试从融合的视角找到创新发展的思路与方法，融合已成为未来传媒发展不可避免的趋势……传媒形态与生态在融合中颠覆与发展"③。比如2017年上海报业集团顺

---

① 清华大学"传媒蓝皮书"课题组：《〈中国传媒产业发展报告（2016）〉显示：传媒产业去年市场规模超一万亿》，《中国新闻出版广电报》2016年5月10日第005版。
② 王君超：《"报纸消亡论"：十年论争与思考——兼论报业转型与媒介融合的研究成果》，《新闻与写作》2014年第3期。
③ 严三九：《从形态融合到生态变革——传媒形态与生态在融合中的颠覆与发展》，《编辑之友》2014年第8期。

势而为，主动结束《东方早报》的纸媒业务，全体员工转战新媒体，倾力打造"澎湃新闻"，并使其成功跻身国内新闻客户端第一阵营。

虽然作为县级党委政府喉舌的媒体不会破产或停办，但其遭遇生存危机是普遍的事实。如何告别"人工呼吸"？地方媒体必须借助这一轮技术转型升级的机会进行自救。从这个意义上讲，地方媒体融合可以视为地方媒体——从省级到县级——的一次"救亡图存"的新技术运动：以融合的方式适应人们日益改变的消费、社交、学习和阅读习惯，回应数字时代的挑战，并提高传媒机构的运营效率。

第三，传媒行业产能过剩导致的市场下沉。

从"媒体融合"这个概念入手，1978年尼古拉·尼葛洛庞帝提出希望计算机、出版印刷业和广播电影业这三个"不同工业"能够融合，以此产生更大的商业效益。此后，葛林斯丁（Greenstein）和迦拿（Khanna）将融合定义为"为了适应产业增长而发生的产业边界的模糊或消失"[①]。21世纪之初，当美国在线和时代华纳宣布历史性合并之际，融合一词已经成为电子信息传播中的常用语。蔡雯将媒体融合概念引入中国，给出一个相对经典定义："指在以数字技术、网络技术和电子通信技术为核心的科学技术的推动下，组成大媒体业的各产业组织在经济利益和社会需求的驱动下通过合并、并购和整合等手段，实现不同媒介形态的内容融合、传播渠道融合和媒介终端融合的过程。"[②] 刘鹏指出，

[①] 宋昭勋：《新闻传播学中Convergence一词溯源及内涵》，《现代传播》2006年第1期。

[②] 蔡雯、王学文：《角度·视野·轨迹：试析有关"媒介融合"的研究》，《国际新闻界》2009年第11期。

"所谓融合……不但要有媒介介质的融合,更重要的是实现在移动互联网环境下产品形态的融合、经营模式的融合、产业发展的融合"。①"产业"和"资本"始终是无法回避的关键词。

一方面,当媒介融合的概念旅行至中国,被中国政府借用之后,其理论内涵已经发生了重要变化,不再仅仅局限于产业融合领域,而更多地延展至意识形态建设层面;另一方面,媒介融合概念本身也提醒我们注意一个国家意识形态工程的解释框架几乎没有提及,但在实践中却非常重要的向度——产业。比如有学者提出"资本是融合的血液,媒体融合离不开巨量资本的支持"②,"资本运作是媒体融合的前提"③,呼唤媒体融合需要"拥抱资本市场"④。

产业向度具体表现在两个方面,一是设备和技术提供商在完成全国性和省级媒体融合之后,向哪里开拓新市场?二是阿里、腾讯等几大互联网运营商在全国性传媒市场内容生产趋于饱和之后,向哪里开拓新市场?答案是一致的,下沉市场。中国有2000多个县级行政区划单位,每个县都将建成融媒体中心,这是一个多么大的市场!因此,在这一轮县级融媒体中心建设过程中,技术和互联网公司的热情之大超乎我们的想象。QuestMobile 提出,下沉市场是最重要的战场。比如字节跳动、快手、拼多多和 B 站等调整战略,定位三四线城市和县城小镇,打破了互联网的天花板。2019 中国数字营销发展大会的主题是"下沉再下沉"。

---

① 刘鹏:《传统媒体融合转型的若干趋势》,《新闻记者》2015 年第 4 期。
② 郭全中:《用资本之手促媒体融合——2015 传媒业资本市场新动态》,《中国报业》2016 年第 1 期。
③ 郭全中:《资本运作是媒体融合的前提》,《教育传媒研究》2017 年第 1 期。
④ 张云:《媒体融合如何借力资本市场》,《新闻采编》2018 年第 3 期。

其实早在 2003 年赵月枝讲述 21 世纪初美国传媒和电信行业陷入了一场"以市场竞争为主导，资本为纽带、技术融合为核心的产业重组"的困境——比如 2002 年 8 月，美国电信业就已有 50 多万人在这场危机中失去了工作；2002 年 10 月，美国最大的电信制造商朗讯已连续 10 个季度亏损，而且数额巨大——时就曾转引席勒的话并提醒中国，美国电信危机是生产过剩而需求不足导致的，那么，当中国传媒市场开始进入饱和状态后，其将何去何从？显然，中国媒体融合实践给出的答案是市场下沉。

从这个角度来说，媒体融合，尤其是县级融媒体中心建设可以视为传媒行业产能过剩导致的市场下沉，既包括设备和技术的市场下沉，也包括内容生产的下沉，最终以推进融合的名义将县级媒体卷入全球资本市场。

第二节　平台化与主体参与

无论是广播、电影还是电视，"大众传播基本上是信息的单向流动"①，作为大众传播时代产物的县级广播电视台（报社）的信息传播过程也以单向流动为主，其传播活动的一端是组织化的、职业化的、纳入国家行政体系的新闻机构，另一端是广大人民群众，或者说是县城（镇）居民和村庄农民。虽然在理论层面受众的新闻参与度不断被强调，在现实层面农民的主体性也被乡村振兴战略所要求。但是，在单向度的传播过程中，或者是被动接受，或者是被动参与，群众很难主导新闻的生产和传播，"传一

---

① 蒋晓丽、石磊：《传媒与文化：文化视角下的传媒研究》，华夏出版社 2008 年版，第 44 页。

受"关系依然清晰可见。如何根本性地破解这个困局？

2019年1月25日，习近平在中央政治局集体学习时强调"打造新型通信平台"，县级融媒体中心建设的"平台化"自此提上日程。但是平台的定位是什么，如何平台化？学者们或者空泛地讨论平台化思维，或者将之视为一种连接生产者和消费者的交易平台……黄楚新的一段话给了我启示，"县级融媒体中心承担着党委政府和人民群众之间纽带和桥梁的作用，不仅为人民群众提供反映问题、提出意见的平台，还督促有关部门落实和解决人民群众的民生问题"。[1] 这句话包含着多层意味：首先，县级融媒体不能仅仅定位为喉舌，更要有桥梁意识/平台意识，地方党委政府发声固然重要，但更重要的是群众听到了、理解了，党委政府和人民群众在这里交互；其次，县级融媒体中心要按照群众路线的要求进行建设，新闻要从群众中来，反映群众的问题和呼声，然后督促有关部门解决问题，再到群众中去，而这个过程，又恰好可以密切党和群众的关系。

因此，所谓平台化，即将原来的"媒体"转化为"平台"，将"喉舌功能"拓展为"桥梁功能"，彻底打破"传—受"关系。在"平台"上，党委政府和人民群众可以对话。社会问题的发生、老百姓对政策的误解，源自于新闻和信息传播的不通畅，提倡融合，便是要打通传播的两端，而打通意味着治理。中国特色新闻学的使命恰恰在于此。向芬在论述延安的党性与人民性统一的时候提到《解放日报》改版，恰恰是因为改版之后的《解放日报》，在彼时的历史语境中提供了党和人民充分交流的平台，

---

[1] 黄楚新、刘美忆：《2020年县级融媒体中心建设现状、问题及趋势》，《新闻与写作》2021年第1期。

才最终实现了党性和人民性"无论理论还是实践均已作为一致的、统一的整体而得到广泛认同"。① 简而言之，县级融媒体中心是县域之中的媒体综合平台，既非治理平台，亦非商业平台，而是一种中介化的平台，可以将党和人民、政府和群众、意识形态与日常实践有机勾连。

之所以需要县级融媒体中心作为平台，是因为以利润为主要驱动力的商业平台很难提供能够真正联结党和人民的服务。商业平台或倾向于作为客户的广告商，或倾向于作为消费者的用户，信息资源自然会向经济条件好、购买力强的城市居民汇集，消费能力较弱的农民很容易被忽视，贫困偏远的农村和县域甚至会沦落为"信息荒地"。② 与此同时，尽管近年来有一些公众号、短视频平台、直播平台等纷纷入驻县域，但其主要目的是获得流量，以寻求转化。但是，有些流量是不能转化的，比如关于某县学区房的讨论，某县长做客直播平台回答该县民生问题，可能会获得数十万，甚至上百万的点击量。但是，如果县长新媒体问政与流量变现结合起来，是否可以说政治成为商家的"站台"工具，或者问政本身也变得不那么纯粹了。更不用说那些通过对农村的丑化、异化呈现去博取城市中产阶级眼球的短视频了。换言之，商业媒体几乎都不愿意，也没有义务无偿为县域和农村地区搭建媒体平台。这一使命只能由县级融媒体中心来完成。

县级融媒体代表县级党委政府发声，这是传统职能，在媒体融合的时代依然延续，不再赘述。另外，群众如何参与新闻生产

---

① 向芬：《理论回响：从"党性与独立性问题"到"党性与人民性之争"》，《新闻与传播研究》2018年第10期。
② 黄艾、熊皇：《大众传媒与农村社会发展的历史互动与现实路径》，《湖北大学学报》（哲学社会科学版）2018年第3期。

和传播,这是媒体融合赋予县级媒体的时代使命,将是本节论述的重点,而这里的群众,至少可以理解为两种群体。

其一是基层媒体从业者。一般来说,基层媒体从业者常常被看作一个生产者或者"螺丝钉",完成自己的本职工作而已。他们的主体性很少被看到。

中国县级台的管理体制颇具特色,从"事业单位企业化管理"到事业单位负责业务,企业负责经营,即将广告等经营板块独立出来成立国资的传媒公司。作为"事企分离"产物的传媒公司,它没有办法独立参与市场竞争,因为它必须依赖作为事业单位的电视台的设备和人力资源;因此,它要面对与事业单位几乎同等的财务制度和审计制度,一旦违规,广播电视台台长也会被问责,而不仅是传媒公司的董事长。这导致事实上,企业的存在仅仅是为了替广播电视台收广告费,并用来支付台里临聘人员的工资。因此,事实是,"企业"离不开"事业","事业"也离不开"企业",二者关系暧昧。

该结构中的基层媒体从业者常常陷入两难的境地,缺乏活力。在中西部大多数地区,对于体制内人员来说,他们的工资由财政发,传媒单位不能扣他们的工资,也有规定要求媒体不能给他们"多发钱",这样媒体单位就无法调动他们的积极性。对于临聘人员来说,媒体单位只会把更多的工作推给他们,但他们工资一般不会超过有编制的人员,即便超过,也是象征性的一点点,否则就会引起编制内人员的"罢工"。现在这样,导致临聘人员的积极性也不大,缺乏专业的认同感和学习兴趣,而且临聘人员的流动性很大,一旦有更好的工作岗位,他们就会迅速离开。这种制度的存在一方面限制了中国县级广播电视台及其从业者的工作积极性和活力,但另一方面,也恰恰体现了一种中国特色,即在"事业"(政治)和"企业"(经济)之间以辩证统一的方式"致中和"。县级融媒体中心这一具有时代性的产物,是否可以在中国特色传媒体制的大框架内,释放出时代的活力?

出人意料的是,当县级融媒体中心筹建的消息传到西北的一个小县城,方案还在讨论过程中,但广播电视台的年轻从业者已经沸腾了。当直播、全景拍摄、无人机等设备陆陆续续采购完毕,台里年轻的工作人员主动加班,学习操作使用,全台上下进入到一种技术狂欢的状态。一位工作人员说:

"我们曾经搞了一个10万+的大新闻。2018年,为了宣传高效办事的行政服务中心,我们精心策划和摄制了'疯狂审改'快闪视频。视频通过两微一端播出后,被西瓜、腾讯、今日头条、中视网等媒体平台转载,最高点击量达到了70万次。除了新奇的快闪形式,我们还加入了活泼的rap、动画和民族元素,加上是自己编词作曲,保证了内容原创性,所以传播效果相当好。"①

行政服务中心本是一个严肃的政务办公的大厅,但在某个中午,突然一个打扮时髦的青年在马里奥音乐的伴奏下进入中心的大厅,并跳起了太空步,随后越来越多的普通民众和穿着正式的政府工作人员加入队伍,唱起了自编自导rap。这样的视频由县融媒体中心官方推出,一时间刷爆了网络,网民纷纷表示县政府"疯"了,但这客观上宣传了全县行政审批改革,在全省颇具正面影响力。

"目前中心有四台航拍器,我们经常用,一般拍摄大场景,比如运动会、升国旗、植树活动会用到航拍。我们策划了10期的航拍专题,受到观众的一致好评。最疯狂的一次是2018年初,还

---

① 访谈:BMD,2018-07-13。

是冬天，夜里平均气温零下二十度，县长说今年县城搞的亮化工程让我们宣传一下。我们中心全体出动，技术人员操作两台航拍器，其他人在一座桥上唱rap，跳舞，每个人都冻得不行了，但热情很高，后来这个快闪视频推出后，也是10万+。"①

很难想象这样的新技术给中国西北一个小县城的媒体从业者带来的狂欢，每一次新闻或专题策划，他们都能找到一种过节般的快乐。这种快乐很难用工资去衡量，更多是对自己摄制的作品被广大观众认可的成就感，在这里县级融媒体中心成为基层新闻工作者实现人生价值的新平台。

其二是普通群众。在县级融媒体中心的运行逻辑中，群众一定不再是新闻和信息的受众，而是主体和参与者。

一方面，包括新闻生产在内，县级融媒体中心的一切工作首先是为了服务群众，让群众满意，然后群众才能在平台上聚集并增加黏性，再然后才有可能引导群众。照此逻辑，如果仅仅满足于水电、话费等服务，县级融媒体做不过微信、支付宝；如果仅仅满足于县域交通、车位，县级融媒体做不过百度、高德；如果仅仅是卖菜、外卖，县级融媒体做不过美团、京东。在这些大的资本平台纷纷下沉的背景下，县级融媒体如何服务群众？政府服务是其核心竞争力。一般意义上说，政务服务，我们常常理解为托管或代运营乡镇和各部委办局的微信公众号、视频号等，以收取一定的托管费用，这是对的，但仅限于此，又是片面的。在本节中，我们更强调如下的政务服务——

县级融媒体中心将县域媒体（广播、电视、报纸）变成一个平台。在这个平台上，县级各部门可以做在线直播，比如邳州市

---

① 访谈：LY，2018-07-13。

的政风热线，市委书记批示要求各部门必须"一把手"参加，必须淌淌汗、红红脸，才能起到舆论监督的作用。在这个平台上，双方实现对话和协商，将问题解决在基层，这也就是为什么邳州自县级融媒体中心建成以来，没有一起越级上访事件。玉门市融媒体中心、张家港市融媒体中心等与市民中心对接，将放管服改革从"一处跑、跑一次"升格为"跑零次"，县属各部门在线办公，老百姓在线申请，即可完成审批、盖章等事宜。

这样做的关键在于，县级融媒体与县域行政管理部门具有天然的接近性优势，向上直通县委、县政府的主干，平行连接于各县直单位、乡镇政府的支干，向下延伸至街头巷尾、乡村一线的须茎。这是一种基于体制的政治信任，这是互联网平台下沉过程中再多公关工作也难以企及的，这为县级融媒体中心与县级四套班子及部委办局从后台打通数据提供了合法性与可能性。但问题在于，具体到各个部门和单位，它们又有自己的具体利益，如何消除部门之间的张力，这需要县级主要领导强势推动。只有在行政和制度层面打通了后台，获得了授权，县级融媒体中心在政务服务，或者说服务群众方面，才会具备核心竞争力，然后才能真正引导群众。

另一方面，平台化的县级融媒体中心，不仅要提供一些可交互的虚拟空间，如论坛、贴吧等，满足基层群众在地化的社交功能，比如玉门融媒体中心的"随手拍"服务，群众可以随手拍一些有趣的或监督类的视频或图片上传到APP。但更重要的是提供平台，把人民群众组织到这个平台讨论社区、村庄的公共事务，不再到其他商业平台或境外平台发布泄愤类的言论，从而保障社会安定；与此同时，也能增加人民群众的参与感、认同感与合作能力，使他们有主人翁意识，具有自己决定自己事务的自觉。

目前，县级融媒体中心已经初步实现了讨论平台的功能。邳州市融媒体中心会组织民众讨论高速路口开在哪里；讨论治理之后的珠江大沟叫什么新名字；组织开展解放思想的大讨论；会把摄像机发给村支书去拍摄村庄的新变化，然后发布到融媒体平台；还会制作H5页面"书记喊你加入群聊"，设定5个方面的公共议题，鼓励民众参与讨论……每一次互动、每一次表达效果都很好。

"我们制作的H5页面，我发到微信群里，很多人以为真的可以加入书记的微信群，点开后发现自己被骗了，但还是愿意表达自己的意见。一天不到就10万+，宣传部还紧张了一下，说你们以书记的名义做页面，会不会有什么不好，我说我们做的是服务群众、引导群众的事，又没有做违法的事，有什么不好。后来宣传部还把几个运营商都喊去，让他们送流量、送话费，鼓励市民、农民反映问题，提供建议。"①

如果动员人民群众利用县级融媒体中心平台发表意见，参与公共事务是第一步，那么下一步便是人民群众自己参与设计有关自己生产生活和未来的政策，发布在平台上，与相关部门互动，被看到，被研究，被采纳。在这里，我们可以看到一种真正的公共性。公共性不再是"一种福利式的行政性建设"②，不再是物理性公共设施建设，而是一种组织起来之后的合作精神和主体性自觉。群众不再是媒体的"被动享用者"，他们主动参与社区建设的主体性价值不应被忽视，媒体不仅是为主体"提供何种服务与如何提供服务"，更应关注"作为需求主体的公众如何表达文化

---

① 访谈：邳州市融媒体中心新媒体部主任，黄扬，2019年6月26日。
② 张培奇、胡惠林：《论乡村振兴战略背景下乡村公共文化服务建设的空间转向》，《福建论坛》（人文社会科学版）2018年第10期。

诉求、参与文化创造"①。县级融媒体中心平台的组织功能，或如汪晖所说，是一种能够提供政治性辩论的非歧视性的、自由的空间。② 在这个平台或空间里，人民群众永远是在场的、有组织的。

不管怎样，发现主体是当前县级融媒体中心建设过程中一个近乎盲点的存在。研究者们总是聚焦于政治和经济的关系。比如林如鹏和汤景泰归纳出县级融媒体中心运行的三种逻辑"政治逻辑、技术逻辑与市场逻辑"③；谢新洲等认为"不存在一个统一的模板，但是从政治、技术、市场三重逻辑相互作用的角度考虑，还是展现出一定的相似性"④；于正凯认为是四种逻辑，"技术、资本、市场、政策是中国媒体融合发展进路的四种相互交织的力量"⑤；周逵认为是多种，"媒介融合过程中国家与市场之间动态关系"呈现"多向度行"⑥。细细品味这些逻辑，归结起来，技术、资本和市场均指向经济维度，政策、政治等指向政治维度，而政治和经济又形成了一个强势的二元结构。

是否有新的维度可以被纳入成为调和意识形态与产业资本之间紧张关系的中介力量？论之者甚少。从这个意义上讲，本节所论述的"主体参与"和"发现主体"的逻辑就显得十分重要，一方面，群众路线是县级融媒体中心运行的初心，服务群众、引导

---

① 王谓秋、任贵州：《公共文化服务体系共建共享的社会动因与路径选择——基于文化治理的视角》，《图书馆理论与实践》2016年第9期。
② 汪晖、许燕：《"去政治化的政治"与大众传媒的公共性——汪晖教授访谈》，《甘肃社会科学》2006年第4期。
③ 林如鹏、汤景泰：《政治逻辑、技术逻辑与市场逻辑：论习近平的媒体融合发展思想》，《新闻与传播研究》2016年第11期。
④ 谢新洲、朱垚颖、宋琢谢：《县级媒体融合的现状、路径与问题研究——基于全国问卷调查和四县融媒体中心实地调研》，《新闻记者》2019年第3期。
⑤ 于正凯：《技术、资本、市场、政策——理解中国媒体融合发展的进路》，《新闻大学》2015年第5期。
⑥ 周逵：《反向融合：中国大陆媒体融合逻辑的另一种诠释》，《新闻记者》2019年第3期。

群众是其目的，县级融媒体中心绕不开群众新闻路线；另一方面，也是更重要的，即群众主体这个维度的引入，至少可以将政治和经济的二元变为三元，或者多元的结构，从而为县级融媒体的未来设计更多的可能，使其不至于陷入完全被政治和资本主导的困局。

如果说融媒体中心建设第一个阶段的任务是硬件升级、挂牌成立机构；那么第二个阶段，就应该去探讨"人"的问题了，如何去培训"人"的全媒体技能、如何调动"人"的积极性和主动性、如何改制（包括编制、待遇等）使之更适合"人"的全面发展、如何在群众和融媒体之间建立更有机、更紧密的勾连等。毕竟，融媒体中心的目的不是上市，不是盈利最大化，在以"政务服务+广告"为模式，县级媒体的自救问题已经解决的情况下，接下来"人"才是县级融媒体中心的出发点和落脚点。

在县级融媒体中心的平台上，由职业化机构主导的新闻和信息服务不再占主导地位，更多的从业者成为服务者维护和管理平台，而作为中介平台的主体是党委政府和人民群众。因此，发展县级融媒体中心，不止是解决信息传递的"最后一公里"问题，更重要的是在基层将党和人民统一于新时代。县级融媒体中心建设是资本、政治和主体三者共同进行的实践，技术公司为了追逐利益，看到了中国传媒产业的"下沉市场"，他们投入了极大的热情和资本推动着县级融媒体中心建设；同时出于意识形态考虑，国家自上而下地主导着媒体融合的进程，在县级融媒体中心建设的过程中，政治无时无刻不在场，并规训和制约着资本；在政治和经济的夹缝中，我们应当看到处于两难之间的基层媒体从业者和普通群众的参与，引入群众主体的视角，即如何可以提前发展县级融媒体调动处于传媒改制困境中的基层媒体从业者的积极性、主动性与价值感，如何通过政务服务与大型资本平台争夺群众，增加黏性，增加群众的新闻参与度？这是重要的研究课题。

第三节　组织化与社会治理

县级融媒体中心大多是全额拨款或差额拨款的事业单位，归口宣传部管理。在新闻史上，媒体的主要职能一般被理解为宣传。但"党报绝不能是一个有闻必录的消极的记载者，而应该是各种运动地积极的倡导者组织者"①，换言之，媒体不应该仅仅是报道新闻，进行宣传，媒体的定位应当从宣传者过渡到组织者。如何过渡，关键在动员。陈文胜回顾了土改时期的宣传动员，提出报刊的传播是意识形态渗透和思想观念传播的直接而有效的手段，"也是动员革命主力军的主要办法"。②但宣传动员不是目的，"把群众力量组织起来"③，"重构国家与农民的关系……实现社会主义和国家现代化"④才是目的。也就是说，通过宣传的方式进行民众动员、改变观念是第一步，动员之后是组织，使分散的基层群众与现代国家发生关系，认同社会主义意识形态，有组织地参与到社会主义建设中来。照此逻辑，如果县级融媒体中心的定位不应该是宣传，而应该是组织，或者说是通过宣传来组织，通

---

① 解放日报社论：《致读者》1942年4月1日。
② 陈文胜：《话语中的土改：解放战争时期〈人民日报〉中的土改宣传与社会动员》，《党史研究与教学》2018年第2期。
③ 胡乔木：《胡乔木回忆毛泽东》，人民出版社2003年版，第6页。
④ 杨霞、杨菲蓉：《建国后毛泽东农业合作思想的困窘与张力——基于"组织起来"的视角》，《现代哲学》2011年第2期。

过把民众"组织起来"的方式实现基层社会治理与秩序重建，或许可以为我们研究县级融媒体中心打开新的思路。

一般来说，地方媒体的社会功能，传统的认知是报道、领导新闻，或是提供电视剧等视听娱乐。近年来，一些地方政府意识到县级融媒体中心可以提供舆情服务，成为治理平台。但是，到目前为止很少有研究者提到县级融媒体中心与基层社会整体重建的关系。近年来，也曾有过"媒体化政治"的讨论，比如王维佳认为政府公共关系培训、网络舆情引导、"微政务"传播、区域品牌营销等活动虽然冠以"媒体化政治"之名，实际上是背离以"理论辩论和政策讨论"为主要特征的民主政治的。① 但如何进行真正的媒介治理和政治化？有人提出乌托邦式的构想，也有人提出理想的理论搭建，如王琛元用"制度间过程"来理解媒介与政治逻辑之间的关系。② 但如何与实践对话，尤其是如何落实到日常生活与基层治理中去？从这个意义上讲，县级融媒体可以被视为一场媒介与政治对话的实践运动。一方面，县级融媒体中心可以提供一个具有公共对话功能的平台，这个平台不完全按照商业逻辑和治理逻辑运行，而是更多发挥中介作用，连接党和人民、政府和群众，统一于实践；另一方面，县级融媒体中心的定位可以从宣传过渡到组织，致力于把民众组织起来参与公共事务的讨论，在基层重建党委政府和人民群众的沟通机制，回应当代社会的种种危机。

事实上，当前的基层社会可谓"内忧外患"。内忧在于，20世纪80年代以来，"农民组织系统、组织资源和整合机制日渐涣

---

① 王维佳：《反思当代社会的"媒体化政治"》，《新闻大学》2017年第4期。
② 王琛元：《欧洲传播研究的"媒介化"转向：概念、路径与启示》，《新闻与传播研究》2018年第5期。

散",在"面对市场不确定因素时"常常显示出"极端脆弱性",同时又"由于无法组织起来因而缺乏基本的合作能力",因此王立胜提出"农民分散化、原子化趋势是当前诸多农村问题甚至全局问题产生的本质性原因,也成为导致农村衰败的主要机制"①。不仅"松动了维系基层社会和谐稳定的纽带",而且"给个人带来家园流逝的疏离感与无助感",同时还"给基层社会带来了潜在的矛盾和危机"②。重建基层成为社会学者的共识,如贺雪峰认为"乡村振兴的前提是将农民组织起来"③。"组织起来"成为当务之急。如何组织、如何重建?以前刚性的行政命令或意识形态灌输的方式不再可取,当前必须立足基层,采取自下而上的方式。④

外患在于,在数字乡村建设和互联网平台企业下沉的初期,基层群众正处在消费的狂欢阶段,互联网巨头通过资本的手段,如奖金补贴、分享返现、新人礼包、每日特价等,进行消费补贴,"1分钱一盒鸡蛋、9分钱一棵白菜……"基层群众常常能够以低于市场的价格满足日常生活的刚需。但当红利的潮水褪去,当技术培植的消费习惯面对高频刚性的现实需求,当日常生活消费资料的议价权转让至平台,用户究竟是生活的主人还是资本的奴隶?我们应该看到,可观的用户流量积累和订单转化,不仅巩固了互联网平台在基层社区团购市场的地位,同时形成了融合仓储、物流、配送和售后的产业链条,进一步增强了平台的商业价

---

① 王立胜:《毛泽东"组织起来"思想与中国农村现代化社会基础之再造》,《现代哲学》2006年第6期。
② 孙璇:《基层社区的社会生态变迁与重建整合》,《求知》2015年第10期。
③ 贺雪峰:《农民组织化与再造村社集体》,《开放时代》2019年第4期。
④ 何艳玲:《社区建设运动中的城市基层政权及其权威重建》,《广东社会科学》2006年第1期。

值。当互联网巨头下沉基层越深入，业务范围牵连百姓日常生活越紧密，日常生活也就卷入资本消费结构越深，而基层百姓的议价能力也就越薄弱。尤其是，当其他竞争者逐渐离场，市场寡头形成的时候，互联网巨头以资本的力量取代基层协同治理的霸权逻辑便会凸显。因此，2020年12月11日，中共中央政治局召开会议分析研究2021年经济工作，明确指出"夯实农业基础，强化反垄断和防止资本无序扩张"，释放出整顿基层电商市场的信号。

2020年9月17日，习近平总书记在基层代表座谈会上指出："'十四五'时期，要在加强基层基础工作、提高基层治理能力上下更大功夫。"[①] 在这种情况下，基层社会便越发的需要县级融媒体。因此，与其说县级融媒体中心恰好出现在这样的社会语境与历史语境下，生逢其时；不如说正是因为社会出现了结构性的紧张，国家才主动发起这样一场自上而下的基层媒体变革。换言之，参与社会治理与基层重建是县级融媒体中心与生俱来的历史使命。对县级融媒体中心的研究也当置于该历史和社会的大背景中加以考量。

县级融媒体介入基层治理并非新鲜话题。张诚等提出县级融媒体中心建设必须满足县域"善治"与"可控"的要求，将之作为县域治理枢纽。[②] 张昱辰将治理的视角引入县级融媒体中心建设的研究，推动"从机构融合迈向社会融合"的发展路径[③]。曾培伦和毛天婵提出，要从追求"大楼与大屏"的硬件装

---

① 习近平：《在基层代表座谈会上的讲话》，《人民日报》2020年9月20日第2版。
② 张诚、朱天、齐向楠：《作为县域治理枢纽的县级融媒体中心建设刍议——基于对A市的实地研究》，《新闻界》2018年第12期。
③ 张昱辰：《从机构融合迈向社会融合：县级融媒体中心发展路径再思考》，《中国出版》2019年第16期。

置与技术配置的迷思之中走出,将治理效度引入县级融媒体中心的评价体系之中。① 王智丽和张涛甫认为,县级融媒体中心不仅是国家治理的托底工程,亦是中国基层治理结构的承重工程。②

那么,县级融媒体中心如何参与社会治理和基层社会重建呢?从经济层面来看,不同于互联网平台多点布局、以补贴获客、以流量盈利的资本运作逻辑,根据中宣部和国家广电总局发布的《县级融媒体中心建设规范》,县级融媒体中心是"整合县级广播电视、报刊、新媒体等资源,开展媒体、党建、政务、公共以及增值服务等业务的融合媒体平台"。增值业务只是其众多业务中的其中一项,县级融媒体中心从始至终皆深度依附于本地市场,从产品内容到受众定位皆紧密围绕县域社会。它并不像互联网平台一样,将用户作为资本的流量,诱捕收割,县级融媒体中心与用户更像是一对老友,和谐共生,相互依存。

从文化层面来看,县域社会认同本质上是一种县域地理空间的文化认同。"地域和文化的特性永远不能消除,永远不能绝对超越"③。即便是互联网技术催生了交易方式的变革,但是凝聚在方言中的情感认同依然是一种难以磨灭的文化烙印。新冠肺炎疫情来临时,让人印象深刻的并不是一些宏大口号,而是乡村大喇叭的"土味喊话"。这种"土味喊话"来自民间,根植乡土,以一种口语化、通俗化的方式解构了自上而下的话语权威,形成了一种自下而上的文化再造与传播。这种文化再造与传播正是乡土

---

① 曾培伦、毛天婵:《技术装置"多棱镜":国家治理视阈下的县级融媒体中心建设研究——基于71篇县级融媒体中心挂牌新闻的分析》,《新闻记者》2020年第6期。
② 王智丽、张涛甫:《超越媒体视域:县级融媒体中心建设的政治传播学考察》,《现代传播》2020年第7期。
③ [英]戴维·莫利、[英]凯文·罗宾斯:《认同的空间——全球媒介、电子世界景观与文化边界》,司艳译,南京大学出版社2001年版,第157—158页。

文化生命力的一种体现，是基层社会协同治理的一种体现。当这种协同治理的主体性意识增强，当县级融媒体中心的内容生产与传播能够更多地融合县域特色与乡土文化，便通过一种主流话语解构再传播的方式，贡献基层社会协同治理的文化力量。从政治、经济、文化等层面来看，县级融媒体中心具备参与基层社会协同治理的先天优势，但这份"先天优势"能否转化为"治理效能"，关键在服务，在与基层百姓息息相关的日常服务。

首先，深耕地方社会，以新闻和信息服务把群众组织到县级融媒体的平台。正如前文所叙，这里的深耕也是两个层面的。

一是做好本土的新闻和信息服务，"集信息搜集、处理和传播于一体的县级融媒体中心承载了我国基层信息援助、信息减贫等县域社会治理体系职能的多重期待"[1]。不仅要求新闻内容取材于本地日常生产生活，更要求基于本地文化特色的创新性新闻生产；不仅要求新闻取材主题的多元性、传播形式的多样性，以适应不同受众的信息消费习惯，而且要求多主体协同参与新闻内容生产，多渠道协同参与新闻信息的传播。众多互联网平台巨头的下沉，则带有鲜明的流量导向，"讯息的内容是无关紧要的，谁发出讯息是无关紧要的，谁接受信息是无关紧要的，要不要做出回应也是无关紧要的。唯一紧要的事情就是往讯息流量池里面增加循环"[2]。当内容成为流量的附庸，平台的用户及其衍生的注意力也成了商品资本主义的一部分。服务导向与资本导向是区分县级融媒体中心与互联网平台信息服务的不同市场面向。县级融媒

---

[1] 张宏邦、刘威、王佳倩、张江江：《整合与协同：县级融媒体的现实困境及本土化推进路径》，《西安交通大学学报》（社会科学版）2020年第3期。

[2] Jodi Dean, "Communicative Capitalism: Circulation and the Foreclosure of Politics", in *Cultural Politics*, 2005: 1.

体中心对于"流量"和"注意力"并非无感,而是摒弃将用户及其注意力商品化,从而为平台牟利的资本逻辑。尝试从"服务"入手,以贴近性与实用性将群众吸引和组织到平台当中来,实现信息服务与基层治理的有效衔接。新冠肺炎疫情暴发后,浙江瑞安市融媒体中心迅速推出"抗疫便民服务平台"提供每日菜价、发热门诊、定点医院、隔离留观政策等信息查询服务①,让当地群众感受到了来自组织的力量,有了依靠感,从而缓解了面对突发事件的焦虑恐慌情绪。

二是做大做强相关政务服务。湖南浏阳市融媒体中心实现与浏阳市数据资源中心数据互通,建设媒体资源智库,助力政府科学决策。②赤壁市融媒体中心统一管理27个党政部门和17个乡镇网站,整合民生资源,助推数字化政府建设。北京市昌平区融媒体中心实现全区行政单位入驻昌平号,落实问政督办机制。③基层媒体一线实践显示"媒体+政务+服务"的功能聚合和平台优势已逐渐凸显。"某路段路灯不亮了""强冷空气来临,中小学能否提前放学?"等问题由群众在玉门市融媒体中心的"活力网格APP"提交后,系统会将问题自动转交相关部门,并跟进显示处理进度。同时,每天有1807名一线巡查的网格员通过这一平台,将发现的问题、隐患和对它们的处理情况及时上报,市网格管理中心及时将相关指令下达三级网格。④ 这些案例都表明,随着社会治理

---

① 陈璐颖、宋建武:《从疫情防控看县级融媒体中心的发展方向》,《青年记者》2020年第12期。

② 陈秀敏:《从疫情防控看县级融媒体中心的功能作用》,《中国广播电视学刊》2020年第7期。

③ 黄楚新、刘美忆:《2020年县级融媒体中心建设现状、问题及趋势》,《新闻与写作》2021年第1期。

④ 刘丽莉:《玉门:打造"指尖上的网格"助推基层治理现代化》,https://m.thepaper.cn/baijiahao_ 11125698,2021年2月3日。

中心不断下沉，县级融媒体中心为不仅成为网格化管理的智能平台，同时成为本地百姓的生活助手。尽管部分商业互联网平台也提供相关政务服务，但是其与地方行政服务部门对接等方面的沟通成本较高，不能及时有效地根据地方政策的变化调整自己的服务，很容易做成普适化的模版，而缺乏地方性特点，影响政务服务的效果和政府的媒体形象。但作为基层新型主流媒体，县级融媒体中心还可以凭借体制优势占得政务服务的地利优势，这是商业平台所无法企及的。县级融媒体中心可以充分整合县域资源，提供更为专业、更高质量的政务服务，将群众与政府之间沟通的桥梁架起，从自上而下的新闻发布到自下而上的信息反馈，从单项传播到双向互动，只有这样才能将这份优势进一步保持和转化成更强的传播力量与服务效能。

其次，搭建直播平台，赋能乡村振兴，同时还在客观上起到了阻碍、延缓或规训平台资本下沉的目的。

在数字乡村和内循环的战略背景下，乡村直播带货的兴起，成为县级融媒体中心拓展的新业务。新冠肺炎疫情袭来，众多商品交易受阻。面对亟待销售的农产品，一个个县级融媒体中心开启了直播带货的尝试。柯桥传媒集团推出的全媒体抗疫助农直播公益平台"柯小微云带货"帮助柯桥区民宿、农家乐进行直播宣传，吸引游客。面对水产养殖户鲈鱼难以销售的问题，三门县融媒体中心将首场公益助农直播活动放在了鲈鱼养殖塘旁。清原融媒体中心主播联合快手网红，为家乡好货代言。长兴传媒集团承办的百名主播促消费活动中，中共长兴县委常委、开发区党委书记走进直播间，推销当地樱桃。杭州余杭区融媒体中心组织开展直播带货，突破了传统电视新闻重视内容生产、轻视传播形态的局限，实现了从内容传播到内容营销的视角转变。直播不能仅局限于带货,更要带知识、带价值、带平台。①

相较于互联网直播平台的日常带货,县级融媒体中心开展的直播带货,具有自己的特点,因为县级融媒体深耕于地方社会,在地性强,无论是农产品的来源还是购买者,大多都来自基层社会,而它只是发挥平台功能,推动基层社会内部的产业循环。这也就决定了,一是其公益性大于营利性。作为基层主流媒体平台,县级融媒体中心承担着助推复工复产,助力农产品销售,繁荣县域市场经济的重要社会责任;二是平台公信力方面,官媒加持下的直播带货,从商品选择到产品介绍,再到售后服务,都经过严格把关,比流量效益更重要的是平台的公信力;三是县级融媒体中心通过带货行为,可以带动、培育、整合县域范围内的各类社会资源,激发多元主体的能动性,有利于在地的组织化和共同体建设,助力基层社会建设;四是县级融媒体中心的直播带货,还可以分化资本平台的在地流量,至少为大型资本平台下乡设置了中间地带,一定程度上构成了对平台资本的缓冲性力量,通过为本地产品和基层群众代言,有效地维护了群众利益。

当前,县级融媒体中心在全国全面覆盖的建设格局基本形成,建强用好县级融媒体中心服务于乡村振兴和基层社会治理成为当下工作的重点。但是向基层下移的并非只有社会治理重心,越来越多的互联网平台下沉基层,抢占群众日常生活流量入口,依靠资本的力量形成平台资本主义。不同于追求用户商品化、经济效益最大化的互联网平台下沉逻辑,县级融媒体中心作为内嵌于基层社会的公共平台,不仅通过一系列媒体融合实践,整合基

---

① 张家榕:《直播带货,带的更是县级融媒体建设思路》,https://www.thepaper.cn/newsDetail_forward_7787100,2020年6月10日。

层治理资源，形成与平台资本相抗衡的本土合力。同时，其融合人民，将分散多元的基层治理主体组织起来，促成公众对话和公共讨论，释放基层治理的协同力量。

第四节 中国特色新闻学的政治经济实践

黄旦提出融媒体实践可以"打开新的想象"，不能按照传统媒体和大众传播时代的思维方式、经验规则和标准尺度去猜想和理解融媒体。"把融媒体仅仅视为一种新的手段或者形式"，认为其"不过是报纸报道的另一种形式，唯一的区别，就是以短视频、大数据或者H5之类的加以呈现而已"。这是对融媒体的误读，而且会遮蔽"本应追求和致力的东西"，即"一套新的融媒体知识和文化"，新的媒体运行"规则、标准和惯例"。因此，在黄旦看来，"融媒体实践既是知识实践，也是在生产实践知识"①。在这种新的媒体实践中，不仅机构、文本、技术实现了融合，更重要的是它"建立了一种大众以及社会领域的新型关系"，"以大众广泛持续、散点式、身体高度卷入地参与文本生产的方式，勾连社会各个领域，以至渗透在整个社会的日常生活中"②。或者如卡斯特所言，它是将"各种沟通模式整合入一个互动式的网络中"③。

前面已经讨论过县级融媒体运行的政治逻辑和资本逻辑，此外一般认为还存在一种拒绝商业化的公共媒体模式，比如BBC，这种公共广播电视模式将向公众提供节目作为一种公共服务，不

---

① 黄旦：《试说"融媒体"：历史的视角》，《新闻记者》2019年第3期。
② 孙玮：《融媒体生产：感官重组与知觉再造》，《新闻记者》2019年第3期。
③ ［美］曼纽尔·卡斯特：《网络社会的崛起》，夏铸久、王志弘译，社会科学文献出版社2001年版，第406页。

以商业为目的，"通过提供公正、高质量和独特的产出和服务为所有受众提供信息、教育和娱乐"①。该模式是诸方势力博弈的结果，曾在全球独领风骚，虽然如今不断改革，在政治和资本的双重压力下艰难生存，但作为一个模式，它依然具有重要研究价值。可问题在于中国的县级融媒体中心天然地与政治联系在一起，是在自上而下的行政力量的推动之下成立的，因而公共媒体模式并不适合县级融媒体中心。那么，是否存在更多媒体运行的实践逻辑？或者说县级融媒体中心是否有可能开创一种新的媒体运行逻辑？本节将讲述一个案例，从这个案例中，我们可以看到在县级融媒体中心建设的场域中，政治和经济是如何动态博弈，如何统一于实践的。

A县地处中国西北，经济并不发达，但2017年下半年即开始实施"数据融合服务中心暨融合媒体共享平台项目"，2018年将其更名为"融媒体中心"。谈起这个项目的初衷，A县广播电视台台长说：

"在一次博览会上认识S公司的，当时我要建数据库，搞智慧城市、应急广播，他们的设备确实好，我去看设备。他们告诉我要建融合媒体平台，可以把所有的硬件、采编都融在这个平台上，可以建成西北地区最大的县级数据平台，辐射周边几个县，甚至B市，如果他们都把数据存储在我这里，每年我就能挣几百万。"②

他提到的S公司成立于1997年，在上海、成都、青海等地均设有分公司，是国内广播电视设备行业中规模最大的、提供系统技术解决方案和实施系统集成的专业化大型企业。2004年

---

① 张莉、郭可儿：《公共广播电视面临的新挑战：从BBC2017年宪章改革谈起》，《新闻界》2019年第2期。
② 访谈：LT，2017-10-31。

其正式加入日本一家集团企业。换言之，这是一家具有跨国资本性质的设备与技术公司。

从台长的话中可以看出，S公司的建议让台长心动，他愿意与S公司合作建立融媒体平台，其初衷是建立数据中心，给电视台创收。经济目的是该县建设融媒体中心的第一把推动力。S公司告诉他2014年习近平总书记有关于媒体融合的讲话，如果A县愿意建，那么S公司可以提供方案支持，帮助他们申请上级政府的项目，事实上，该方案最终被列入省财政扶持的重点项目，支持资金600万。2018年3月底，A县融媒体平台正式挂牌成立。初步建成的融媒体平台主要包括四个方面：一是全景式演播室；二是数据中心（硬件平台）；三是经营中心（负责经营）；四是指挥中心（负责内容生产）。

这里可以看到资本、政治与现实的某种互动。对于一个县来说，2014年中央关于媒体融合的战略方向，他们或者没有洞察力去捕捉，或者不愿意投入资金去跟进；反而最先意识到并实际推动县级媒体融合的是技术类企业，他们以中央政策为背书，在各县售卖设备和融合产品，客观上为中央政策在基层的落地起到了动员作用，这是值得肯定的。但是，传播政治经济学者所批判的资本下沉的问题，也是存在的，因为对于技术公司来说，标准化生产，以及利润最大化是其不变的追求，如果地方政府不考虑本地实情，一味追求所谓"高大上"，则或如朱春阳所提醒的，县级媒体融合简单"复制中央、省、市三级的媒体管理体制和资源配置方式"，"将会带来巨大的财政压力，也将成为一场灾难"①。

---

① 朱春阳：《县级融媒体中心建设：经验坐标、发展机遇与路径创新》，《新闻界》2018年第9期。

事实上，中国的政治体制和社会现实决定了虽然 A 县融媒体平台的第一股推动力来自 S 公司，但该平台一旦投入运营，政治将会从后台走向前台，并主导媒体融合的全面实践。从宏观上来看，首先，县级广播电视台大多属于全额拨款的事业单位，肩负着宣传党的方针政策的使命，单位性质决定了它不以营利为目的。在绝大多数省份，即便县级广播电视台的创收很多，也不能作为奖金发放给个人。融媒体中心存在的目的是"引导群众、服务群众"。其次，县级广播电视台受县委宣传部的管理和指导，是意识形态的重要阵地，台里重要决定需要宣传部长同意方可推进，这样的制度安排决定了融媒体中心不可能像一家公司一般开展业务。最后，在地方上做新闻或进行媒介生产，需遵循政治逻辑，广播电视台需要与各单位、各部门搞好关系，获得信任和优先采访权，如果仅按照市场逻辑是很难办成事情的。因此，县级融媒体中心一旦落地，很快就会被纳入行政体制，成为舆论和宣传工作的重要工具。

以 A 县为例，其融媒体中心上线仅半年，便已逐步融入政务服务、社会治理服务、生活服务和互动功能，成为群众"指尖上的服务窗口"。

政务服务：A 县 2017 年推行的行政审批改革，居民到行政服务中心"跑一次"即可办理大多数审批业务。2018 年融媒体中心上线后，广播电视台立即与县委县政府对接，在其 APP 开设政务服务窗口，同时将数据中心扩展为政府各部门数据信息储存、互联互通的管理服务平台，目前已在教育领域率先应用。

社会治理服务：近年来"网格化管理"成为基层社会治理方面的重要举措，A 县广播电视台在其 APP 上开设专门的网格员通道，全县 1807 名巡查在一线的网格员通过手机 APP 上报发现的各类问题、矛盾隐患和对它们的处置情况，便于县网格管理中心收到信息，及时向三级网格下达指令，化解和预防社会矛盾。

生活服务：融媒体中心建成后，升级现有的APP，开设了新闻资讯、直播、交管服务、缴费、购票等多个生活应用版块。

互动功能：A县融媒体中心建成以来，"两微一端"均开设了《民声问政》《百姓有话说》《随手拍》等舆论监督栏目，接受群众投诉。用户可将手机拍摄的图片、视频、文字同步到融媒体平台，也可用手机连线直播，加强了与全县人民的互动。

县委书记在一次讲话中说，A县媒体融合接下来将工作重点放到如下四个方面：一是持续丰富内容提升品质，进一步做强主流舆论阵地；二是改进服务平台功能，推动行政审批改革转移至线上；三是将政府各部门网站、内刊，以及相应的人力资源及设备、资金等资源整合到融媒体中心；四是坚持党管媒体的原则，完善融媒体中心的管理体系和运行机制。

从近几年A县融媒体中心落地的情况来看，它既没有像政府文件所要求的那样理想，因为很多人员、体制、债务、运营的事宜都需要处理，也不像传播政治经济学者所批判的那样被技术和资本绑架。实践，是一个博弈的真实，是政治和资本深刻互动的结果。一方面，在话语上，似乎又回到了国家意识形态工程的框架；但另一方面，隐含其中的一条技术资本的线索也需要被看到。

或是县级政府的要求，或是融媒体中心的主动请缨，总之它从诞生之日起，便承担了很多政务职能。当前，各地县级融媒体中心虽然都致力于以市场主体的身份参与竞争获得利润，但代管或运营县属各部门的网站、内刊，各乡镇的微信、微博、APP等依然是一笔不菲的收入，或者说，这是县级融媒体中心成立之后，在原先县级广电以广告收入为主的基础上新开拓的一个重要收入项——政务服务——占县级融媒体中心全部收入的50%左右。这是一种盈利模式的创新。在传统的广电运行模式中，地方新闻，尤其是政治新闻与广告收入是分开的，但在融媒体中心的时代，各乡镇、各部门成为媒体服务的甲方，媒体必须提高专业水平和服务水平，这有助于他们告别"等靠要"的思维，各部门、各乡镇的宣传工作会做得更好，数据储存也会更安全，媒体引导和服务群众的效果也更到位。

"我们想做的是政治效应，但结果同时收获了经济效益，占整个中心盈利总体量的一半。现在能直接给20万以上宣传费用的楼盘或者商业体，很少，几乎没有，但政府可以。每个业务单位的年初计划、年终总结我们都要拿来，研究他们的中心工作，找到宣传亮点，再去和业务单位对接，配合一把手的思路，做定制的宣传服务。一方面，我们帮他们在大平台，比如在网易、腾讯开设官方账号，做推送，各部门领导挺开心的。另一方面，我们也会给他们做意见反馈，不仅是县内的民意调查，也抓取全国性大媒体关于邳州的新闻、舆情，反馈给各部门，还为业务单位做活动策划等等。"[1]

在邳州的故事中，县级融媒体中心把对政治效应的追求与经济效益统一于实践。首先，专业化地替县属各部门分析和寻找宣传亮点，完成宣传任务；其次，把政府和群众放在一个统一的平台上进行交流、反馈；再次，探索了融媒体中心的盈利模式，除了党委和政府，对其他各部门、各乡镇，甚至包括政协、人大、组织部、宣传部他们都会收取费用，这一盈利模式虽然仍是主要

---

[1] 访谈：邳州市融媒体中心政务服务部主任，吴平，2019年6月26日。

依托财政支付，但优化了体制内部的资源分配，增加了传播力；最后，还承担了一定的地方智库功能。关于智库功能，在宜兴的故事中体现得更为充分，比如2016年宜兴市委提出产业强市，正处于融合进程中的《宜兴日报》便策划赴浙江、广东、江苏等省份的八个市进行采访报道，写了6期系列文章，在报纸头版头条和各融媒体平台同时推出，对不便公开的内容，以内参的方式报给市委主要领导。

因此，在笔者看来，无论是新型社会关系，还是媒体运行的新标准、新规则，都具有超越资本逻辑、行政逻辑和公共媒体逻辑，超越互联网思维和专业化思维的实践论指向。世纪之交，美国按照新自由主义的逻辑进行的以资本兼并为主要特征的融合陷入危机，而中国通过资本下沉和政治主导的融合实践却如火如荼地进行，创造出一种实践中的政治和经济的辩证关系。这宣告了"西方理论＋中国经验"的研究路径的失败。一种基于当代实践的群众新闻路线正在成为可能。甚至可以说，县级融媒体中心是真正意义上的马克思主义政治经济学在实践中的统一。

这些县级融媒体中心的探索，不仅是实践创新，还兼具理论意义，更重要的是，作为一个新生事物，县级融媒体中心虽然处于制度的夹缝中，依然无法放开手脚，但是基层媒体及其从业者已经体现出很强的主体性自觉，他们能够主动整合可供调度的全部资源，尽可能地满足各相关方的诉求。这才是县级融媒体中心建设过程中最为珍贵的内涵和特质。研究者当躬身于实践，与媒体从业者、宣传管理者一起，在县级融媒体实践中，不断把脉、讨论和调整其运行的逻辑与方向，这是一个动态的过程，还处于进行时态。而不能用商业逻辑、行政逻辑，或是互联网思维、专业主义思维去框定和要求县级融媒体中心必须走什么样的路。

或如伊尼斯所说,"一种新媒介的长处,将导致一种新文明的产生"①。县级融媒体中心的实践也"必然开启一个崭新时代"②。正在进行的轰轰烈烈的县级融媒体中心建设也应当被看作是一个有待展开的过程,即新媒体如何进入基层社会,与基层政治和人民群众发生深刻互动。这个过程中,既可以产生中国特色新闻学的实践性经验,又可以产生基于中国实践的学术理论。

---

① [加]哈罗德·伊尼斯:《传播的偏向》,何道宽译,中国人民大学出版社2003年版,第28页。
② 孙玮:《融媒体生产:感官重组与知觉再造》,《新闻记者》2019年第3期。

后　记

虽然一直以乡村传播为主要研究方向，但我从未放弃过对中国特色新闻学的学术追求，这固然和我的师承有关，但更主要的是，在乡村文化宣传和新闻传播实践中，处处可以看到中国特色社会主义的影响，这让我不得不去思考，新闻与传播、历史与当下、理论与实践之间的断裂与续接的问题。如果仅仅讨论乡村传播，而不去思考百年新闻史，则是一种背弃初心、隔岸观火的态度；如果仅仅讨论中国特色新闻学，而不与中国共产党的百年基层/乡村实践相联系，则是一种刻舟求剑、掩耳盗铃的态度。因此，2015年到中国社会科学院新闻与传播研究所工作以来，我就一直在思考并身体力行，如何将二者打通。

此前，完成博士学位论文期间，我在陕西省档案馆、西安市档案馆、渭南市档案馆花费了大量时间，收集回来数千页档案，博士学位论文大约只使用了三分之一，剩下的档案如何处理？夜深人静，或是难得左右无事之时，我常常还会把这些档案拿出来翻一翻，尤其是2017年在西北挂职期间，我曾花不少时间重新整理档案，在此过程中，一条线索逐渐浮现出来，即我一定要写作与农村俱乐部相关的书或文章。

后 记

2018年秋，我意外收到上海社科院历史研究所的一个会议邀请，讨论历史学的人类学转向。会间认识了华东师范大学历史系的刘彦文老师，她说他们正在搞一个当代文献史料中心，正在把一些民间和地方档案馆遗失的老档案收集起来并电子化，她邀我去参观，我没想到，那是一个惊人的资料宝库。2018—2019年，我多次前往华东师大查阅档案，补充了大量农村俱乐部的档案，与原来的陕西省档案遥相呼应。农村俱乐部的轮廓越来越丰富、越来越清晰。至今还记得那一个个的雨日，我独自徘徊在华东师大的校园，沉浸在半个多世纪前的故事中，难以自拔。

至于县级融媒体中心建设，也有一个特殊的机缘。2017年我在西北挂职，当时的广播电视台在业务上还归文广局指导，我分管和联络电视台期间，协助他们对接和筹划了媒体融合项目，2018年挂职结束后，又在社科院新闻所领导的支持下，举办了一次全国性的县级媒体融合论坛。说来也巧，我们的会是8月19日召开的，8月20日我们把会议综述稿送至媒体准备推送，就在第二天，也就是8月21日，习近平总书记在全国宣传思想工作会议上指出，"要扎实抓好县级融媒体中心建设，更好引导群众、服务群众"。于是我们的论坛受到各大媒体的关注，成为一个小小的热点事件，而我也半推半就地开始了县级媒体融合的研究。

回京之后，有一次陪着赵月枝教授在朝阳公园散步，我说起挂职期间筹建县级融媒体中心的故事。她告诉我，研究县级媒体融合一定不能在媒体融合的框架下进行，因为那是一个由技术、资本和产业主导的概念。中国的县级媒体研究要置于中国自身的历史序列中，尤其是在中国共产党领导的百年新闻事业史的范畴下展开，才算是找对了方向。这给了我极大的启发，此后，我便朦朦胧胧地意识到它与农村俱乐部以及延安新闻大众化运动之间有着某种关键而微妙的联系。直到写作本书时，我才明确，这里面有群众新闻路线的一脉相承。

总体而言，这本书写得十分匆忙，但我依然固执地期望它能给略有些内卷的中国新闻理论和新闻史研究带来一点新鲜的内容，或者是对象，或者是视角，或者是方法。

最后，要感谢我的母亲，七十五岁高龄，却离开她生活了一辈子的乡村，来到陌生的北京，帮我看孩子。也要感谢我的女儿，她来到这个世界的前四年，基本都生活在河南农村，由岳父、岳母照顾，当了四年的留守儿童，恍惚之间来到北京，和相对陌生的奶奶朝夕相处，何其艰难。但无论怎样，等女儿长大，我一定会告诉她父亲的志业，也会告诉她，童年能够在中原农村生活四年，是她一辈子的骄傲。

沙 垚

2021年6月25日书于杭州青芝坞